揭開身心的奧祕：阿毗達摩怎麼說？

帕奧禪師 Pa-Auk Sayadaw 前言
善戒禪師 Sayalay Susīlā 著
雷叔雲 譯

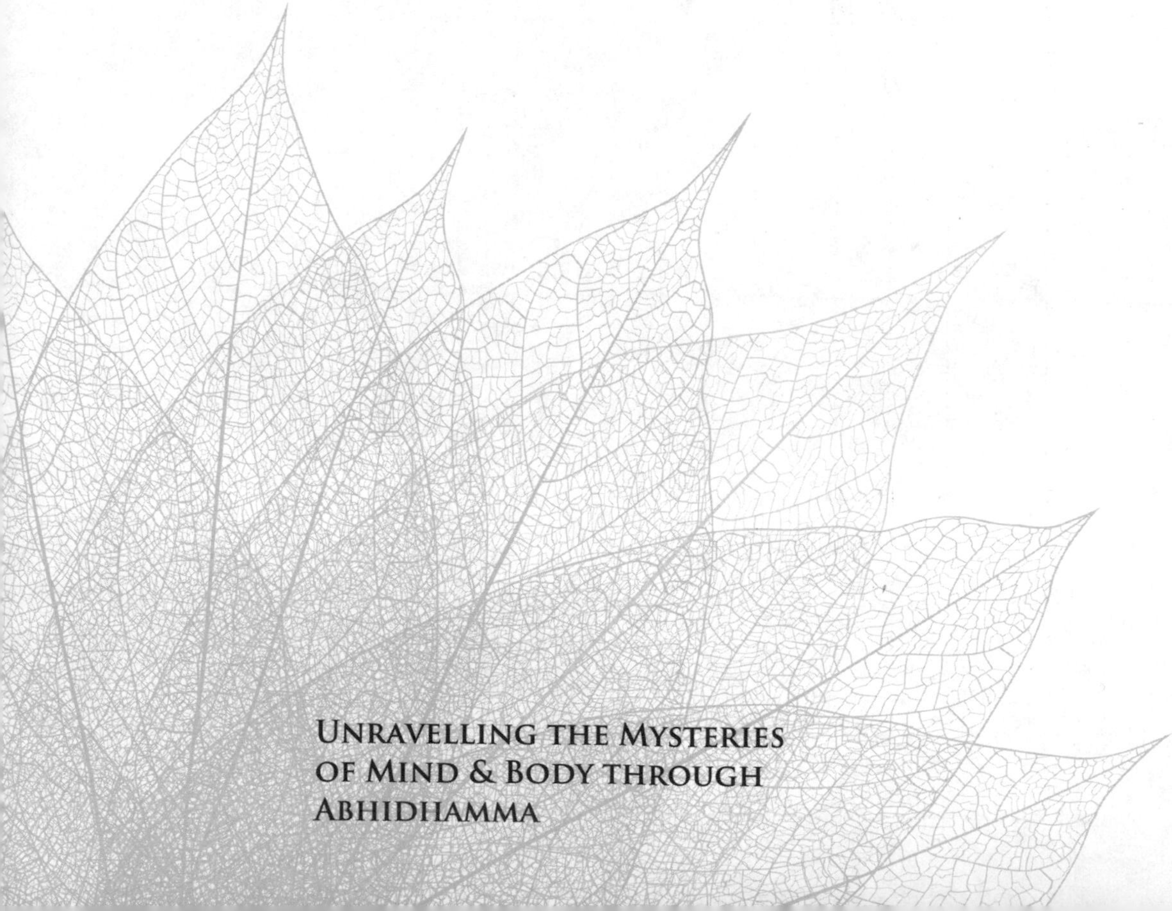

UNRAVELLING THE MYSTERIES OF MIND & BODY THROUGH ABHIDHAMMA

目次

2 心路過程和離心路過程 63

3 業報 82

4 心所 99

5 色 135

6 涅槃 173

結生部分

8 緣起 222

第三部 出離 259

9 八支聖道 260

ဖားအောက်တောရဆရာတော် ဘဒ္ဒန္တအာစိဏ္ဏ

Pa-Auk Tawya Sayadaw Bhaddanta Āciṇṇa

（帕奧禪師／阿希那尊者）

前言

比丘們！我說諸煩惱的滅盡是屬於知者、見者的，非不知者、不見者。比丘們！知、見什麼者有諸煩惱的滅盡呢？

比丘們！知、見「這是苦」者有諸煩惱的滅盡，知、見「這是苦集」者有諸煩惱的滅盡，知、見「這是苦滅」者有諸煩惱的滅盡，知、見「這是導向苦滅道跡」者有諸煩惱的滅盡。比丘們！這麼知、這麼見者有諸煩惱的滅盡。

比丘們！因此，在這裡，「這是苦」應該作努力，「這是苦集」應該作努力，「這是苦滅」應該作努力，「這是導向苦滅道跡」應該作努力。

這段話引自《煩惱的滅盡經》（相應部56：25經），本經中佛陀教導我們，如沒有體證四聖諦，煩惱不可能滅盡；只有體證四聖諦，煩惱才可能滅盡。

如果禪修者想滅盡煩惱，成爲聖者（ariya），他首須體證四聖諦，其中苦聖諦（dukkhasacca）和苦集聖諦（samudayasacca）是觀禪（vipassanā）的目標。

首先，禪修者應努力體證苦聖諦，什麼是苦聖諦呢？在《法輪轉起經》（相應部56：11經）中，佛陀簡單說明五取蘊是苦。在《念住大經》（中部10經）中，他說：

> 比丘們！簡而言之，什麼是五取蘊？即：色取蘊、受取蘊、想取蘊、行取蘊、識取蘊。

本書作者爬梳整理巴利聖典，幫助讀者了解五蘊。五蘊其實等同心、心所和色，這樣便建立起了解阿毗達摩的基礎。另一方面，阿毗達摩的功用是從究竟名法和究竟色法❶的觀點，對五蘊提供統一而細密的圖像或「地圖」。若缺了這張地圖來引導進程，我們很容易墮入邪見的陷阱，不能正確了解苦諦。

在體證第三聖諦涅槃之前，我們不但需要對第一聖諦有知有見，還要對第二聖諦——苦集——具備知見。在《宗派教義等等經》（增支部3：62經）中，佛陀這樣說明第二聖諦：

編按：註號○為原註；●為譯註。

❶名法（nāma）指精神層面的心和心所，色法（rūpa）指物質層面。

比丘們！而什麼是苦集聖諦？以無明爲緣而有行，以行爲緣而有識，以識爲緣而有名色，以名色爲緣而有六處，以六處爲緣而有觸，以觸爲緣而有受，以受爲緣而有愛，以愛爲緣而有取，以取爲緣而有有，以有爲緣而有生，以生爲緣而有老、死、愁、悲、苦、憂、絕望生起，這樣是這整個苦諦的集，這被稱爲苦集聖諦。

當四聖諦、八支聖道使我們的觀智成熟，我們便對無爲界（asaṅkhata-dhātu）——涅槃——有了知見。於是我們證悟了第三聖諦，道智有四層，一階段一階段摧破煩惱。在每一階段，禪修者對四聖諦的智慧越來越清晰，逐漸去除多生多世把心覆蓋於黑暗中的無明暗雲。

本書作者從阿毗達摩的觀點——最深刻說明佛法的方法，並引用各種角度的實際例證，來呈現四聖諦，異常清晰，一般人很容易了解，同時也讓我們用另一種觀點來了解佛陀的教法。無論我們來自哪一個宗派傳統，本書敘述並連結起我們的生命經驗、禪修體驗、對法的知識性理解，並提供基本理念。

我強力推薦本書給有意廣泛了解阿毗達摩及其利益的人士，這些利益不僅在禪修和人生方向上，還在日常生活中。作者交代了哪些行爲是善（kusala），哪些是不善（akusala），讀者將會受到潛移默化。而且作者還說明了造作這些活動的果報。

佛教徒應了解哪些行爲是善，哪些是惡，這樣才能爲自己和他人的利益來累積善業，避免不善業。

在本書描述的善法中，戒（sīla）、定（samādhi）、慧（paññā）三學是最重要的。沒有三學，就沒有道；沒有道，就沒有道智；沒有道智，就沒有苦滅，也就無法解脫生死輪迴。因此，三學其實是證得涅槃最重要的法。

願一切眾生都有機會承擔這三學的訓練，願眾生感受到永續的安詳和涅槃的安樂。

帕奧禪師

於緬甸帕奧禪林

自序

本書的緣起，可溯自二〇〇二年我在美國和加拿大所作的一系列阿毗達摩開示。由於有人向我表示，這些開示對他們非常有助益，我於是有了動力，謄寫下來，然後結集成書。過去七年來，我陸續感到需要再添加一些材料和細節，因此有了這本第二版。

人們第一次接觸阿毗達摩時，往往覺得繁複難懂，感到乏味或者事不關己，難怪阿毗達摩經常不為人重視。我的目標則一直是用直接而具體的語言、簡單的比喻、禪修者親身經歷的趣聞，讓阿毗達摩好讀好懂。

本書的目的，是從阿毗達摩廣泛而複雜的文本中，抽出精華，然後與日常生活橋接起來，俾使大多數人能夠從中發現意義，書中還包括止禪和觀禪的指導，以結合理論和修行。這樣一來，分析性的知識便可在禪修當中進行了解、經驗並體證。

我希望本書能送到許多因為困惑而找尋修行道路的人手上。期望修行者看了清晰的說明之後，會得到這樣的知見：阿毗達摩是佛陀揭示的道路，遵循阿毗達摩修行並體證，會導向世間和出世間的安樂。

我願將本書所採取的阿毗達摩實際教法歸功於阿希那（U Ācinna）尊者，他更爲人熟知的名字是帕奧禪師（Pa-Auk Sayadaw），本書是從他多年在緬甸帕奧禪林的教學經驗而來。我多年追隨禪師，他教導我阿毗達摩和禪法，而且持續耐心地傳授知識給我。但願本書能小小回饋禪師所傳授的殊勝法禮。

感謝並禮敬佛陀，我能廣泛引用佛陀在巴利聖典的教示、故事和比喻，來支持並闡述阿毗達摩。

也向我所引用的許多英文書目致謝，尤其是菩提比丘（Bhikkhu Bodhi）的《阿毗達摩概要》（*A Comprehensive Manual of Abhidhamma*）和帕奧禪師極具深度的著作。

特別感謝定稿的編輯 Yogi Seven 花時間看稿並使文字更易讀。感謝 Bhante Moneyya 編輯二〇一〇年的初版，Ben Zhang 提供寶貴意見並使本書更有組織。感謝 Kitty Johnson, Maureen Bodenbach, Marcie Barth 三位的校對，感謝 Fran Oropeza, Tan Ai Poh，以及許多不及提到名字的人士各種的幫助。

這樣規模的一本大書，我雖然不斷改正並編排一些難免的錯誤和曲解，無疑一定還有錯誤留在書中，又因爲我持續增添內容，可能有些錯誤又出現了。我願對此負上全責。願這項出版計畫所生起的功德，利益我的老師、父母、親戚、朋友、供養支持者、讀者，以及貢獻於此書的全體人士。

願一切眾生健康安樂。

願一切眾生找到止息痛苦的道路。

願他們在這供養中得到功德。

善哉！善哉！善哉！

善戒禪師

二〇一一年於美國

譯序

論藏是三藏之一，根據巴利語發音，又稱為阿毗曇，玄奘法師譯為阿毗達摩，漢語舊譯為阿毗達磨。三藏即經藏、律藏、論藏，是佛陀的「正法、律」。「律」自然指「律藏」，「法」則包括「經藏」和「論藏」。巴利三藏（Tipitaka）是南傳上座部佛教的聖典，佛陀入滅之後，佛弟子不忍聖教衰微，於是遵循嚴謹的程序，將佛陀一生的教示背誦結集下來。首次結集在佛滅後三個月內，第二次在一百年後，後來尚有各方看法不一的歷次結集。現存巴利三藏各典籍成立的年代不一，最遲的被推定為西元前二至一世紀。

經、律、論既然都是佛所說法，那麼「論藏」跟「經藏」、「律藏」有什麼不同之處呢？其一，佛陀說法總是契理契機，根據時節因緣和聞者根機而因材施教，因此，「經藏」和「律藏」都是詳實的記載，儘管栩栩如生，卻不是系統式的呈現；「論藏」則是把法義統整、分類、架構，並加以精密的詮釋。其二，「經藏」中究竟諦與世俗諦並陳，譬如說，常見的序分往往是「如是我聞：一時，佛在舍衛國祇樹給孤獨園。爾時，世尊告諸比丘……」及類似的定型句，其中充滿「我」、「時」、「佛」、「國」、「園」、「尊者」、「比丘」等世俗假名，「律藏」中也同樣充滿「汝莫破和合僧」、「汝應如法悔過，汝當發露」等世俗語言，而這一切世俗概念在「論藏」中都過濾盡淨，純粹探討修道證果的目標：心、心所、色、涅槃四種究竟真實法。

溯源巴利經藏，已可見佛弟子論說阿毗達摩的證據，如《牛角大經》（中部32經）。佛世亦有「持論母者」（mātikādhara），專事背誦阿毗達摩綱要。上座部的七部論②是阿毗達摩形諸於文獻的型態，即巴利論藏的全部內容，又稱「上座部七論」或「南傳七論」。

七部論加上其註釋書及復註，卷帙浩繁，幾有不知從何下手之嘆。所幸西元十一世紀末、十二世紀上半之交的阿耨樓陀（Anuruddha）尊者著有《攝阿毗達摩義論》（*Abhidhammatthasangaha*）一書，文簡義賅，爲修學阿毗達摩打造了一把鑰匙，現已成爲上座部佛教國家修學阿毗達摩的主要入門書。中譯本方面，就筆者所知，曾有法舫法師的《阿毗達摩攝義論》（一九四七年）及葉均居士的《攝阿毗達摩義論》（一九八五年）。另又有那拉達大長老（Mahāthera Nārada）的英譯本（一九七九年），再經菩提比丘加以整編（一九九二年），尋法比丘又據此譯成中文（一九九九年），書名爲《阿毗達摩概要精解》，這些都是歷來大德傳承佛法的成果。本書的詞彙，大抵師法這些現代的中譯本。

禮敬佛陀，筆者有幸翻譯本書，再次複習「論教法」的精要。禮敬寫序的帕奧禪師和作者善戒禪師，我也有幸向兩位老師習禪和聞法。同時要向莊春江老師致謝並致敬，本書所引述的巴利聖典，絕大部分採用莊老師的譯文。最後還要感謝法友鍾聞瑜、湯華俊、簡嘉宏、李玲珠、陳民英、鄭麗香、劉仕英、尹明潭諸位師兄師姊提供意見！

若有人因本書而獲益，一切功德均屬歷來弘揚闡述阿毗達摩的大德；若有譯不到位、粗窳疏漏之處，一切過失皆歸譯者；只要有絲毫功德，願迴向眾生普皆覺醒！

雷叔雲

②七部論即《法集論》、《分別論》、《界論》、《人施設論》、《論事》、《雙論》和《發趣論》。

導論

禮敬世尊、阿羅漢、正等正覺者

心爲前導。

心眞是前導嗎？只有待我們了解心的運作之後，才會眞正知道。心離我們那麼近，卻又那麼遙遠。心是我們一切不善語和不善行的罪魁禍首，也是安撫人心之良善行爲的導演。

研讀「阿毗達摩」幫助我們了解心的運作，使我們擁有安樂而無瑕的生命。在阿毗達摩中，名色的究竟眞實法，組成所謂的「眾生」，是依於因緣、不斷生滅的心識刹那流和無限小的微粒。因此，研究阿毗達摩有助於擺脫「我」——或說永存的自我——的痛苦幻象。生命裡的大多數問題，都來自於對這個「我」，以及它的產物——自我中心——的無明和渴愛。我們一旦知道，在究竟的意義上，並沒有一個「我」，就會放下強烈的執取。「看見」會讓我們解脫，生命中的問題瞬間消失。只要徹底研讀阿毗達摩，並取得實際禪修經驗，就做得到。

論藏是佛陀完整教示的三藏（Tipiṭaka）之一，阿毗達摩（Abhidhamma），是兩個字的組合：阿毗（Abhi）和達摩（Dhamma），阿毗是高尚、特別、無上，達摩是普遍眞理或教法，因此，阿毗達摩是佛陀的高深教法，奠基於眞理和實證經驗。有人稱它爲形而上學，其實不是，而是系統性說明並引導認眞的禪修者如實知見，終至證悟。阿毗達摩系統完整地分類並說明一切色法和名法，因此，上座部認爲阿毗達摩是究竟眞實法最完美的說明，是由正等正覺佛陀的一切智智所親身體證的。

根據阿毗達摩，諦有兩類：

1. 世俗諦（sammuti sacca）

世俗諦指一般凡常的概念，如樹、房子、桌子、男人、女人、你、我、人、身體、生命等，這樣的概念跟我們的語言、文化和因緣密不可分。我們以爲這些概念是客觀的現實、眞正的存在。是的，它們看起來眞正存在，但經過細密檢驗，我們會發現它們不可能是最小單位的眞實法——因爲它們仍可被分解成更小的成分。例如我們若分別身體的四界（或說色法的特相），「身體」便可分解成無數、無限小的微粒。如果我們繼續分析這些微粒，會發現每一微粒都包含八不離色：地（堅性）、水（黏性）、火（暖性）、風（動性）、色、香、味、食素。

這些元素是生命最終、不可分解的成分，因此，只要用智慧穿透世俗諦，便終能體證究竟諦。

2. 究竟諦（paramattha sacca）

根據阿毗達摩，究竟眞實法是不可再切割、再分解成更小部分的法，這些元素是生命最終、不可分解的成分，它的存在有賴於它的自性（sabhāva）。例如我們身體和其他生物裡的地界，有著堅硬的自性，火界有著熱的自性，雖然身體是世俗諦，但組成身體的元素，如地、水、火、風，是生命最終、不可分解的成分，再多的分析也不能把它進一步分解。

在這兩種諦理中，阿毗達摩所討論的主要是究竟諦。

本書分爲三部分。

第一部分講述究竟諦，阿毗達摩的究竟眞實法有四：

1. 心	**有為法**
2. 心所	
3. 色	
4. 涅槃	**無為法**

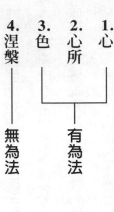

究竟眞實法中的前三項包含一切有爲世間，心（consciousness）和心所（mental factors），世俗上合稱爲「心」（mind），色即是世俗稱的「身」。兩者和合相續的呈現，世俗上稱爲「我」、人、男人、女人、動物等等。「我」的概念是世俗諦，而心、心所、色則是究竟諦，三者都是有爲法，由因緣而產生，屬於變化和壞滅法。它們是細微深刻的法，爲凡俗肉眼所不能見，然而經過良好定慧修行的心，便能如實徹見它們。第四個究竟眞實法：涅槃，是無爲法，非由因緣而產生，因此不會變化，涅槃可在此時此地體驗。達到涅槃的道，即是戒、定、慧的次第修行。

也許舉一個譬喻更容易明白：例如我們看電影，看著角色投射在銀幕上，我們好像看到他們講話、行動，甚至認同他們，完全忘卻我們只是在看一個想像中的銀幕角色。這是一般人虛妄地認同他在生活劇場中所看到、聽到、嗅到、嚐到、觸到、想到的是一個人，完全忘卻所看、所聽的並不比電影銀幕上稍縱即逝的圖像來得更眞實。

一旦我們的心經過禪修的培育，就看得更清楚了。我們開始認識到電影銀幕上的圖像其實包含上千，也許上百萬單一的像素，每個像素都是單一顏色。這可以跟更加高階的禪修相提並論，我們看到自己的身體，以及其他人的身體或無生命的物質，實際上都是由上百萬微粒構成，每一個微粒都含有八不離色。

如此，去探究我們心（心和心所）的究竟眞實法，就像看電影的人開始對自己有所覺知。轉向內心，我們就看到所謂心識，只是識知目標的過程（看電影）。心不過是一連串相續的心流，以及相應的心所，一個接一個，無間斷連續轉起。一彈指之間，上億，甚至上萬億的心識刹那生滅。只要我們探究這些心識刹那和各種相應心所的作用，便會體認到沒有一個永存、不變、叫做「我」的自我，純粹只有現象在運行。

隨著觀智逐漸成熟，我們終將體證第四究竟眞實法——涅槃——超越身心的無爲法。

本書第二部分描述結生和緣起。我們大部分人可以了解業報法則或者因果律，但一般人不了解業報在死亡時刻如何成爲生死的連接。這部分詳述臨終心路過程，顯示出臨終刹那，心如何因某業的成熟而抓住一個相，使下一生的結生心生起。每一次投生都連結臨終時成熟的業，並沒有一個靈魂從一世流轉到下一世。這個結生和死亡的過程是客觀無我的，純粹是苦的生起。這苦是怎麼生起的？又怎樣才能息滅？

佛陀以緣起的甚深教法，揭示苦的問題和解決之道。佛陀在證悟以前，沒能見到緣起，因此經歷不可思議的長時大苦，縛於生死之輪——跟我們現在一樣。苦不斷生起，是由於兩大根本原因：無明和渴愛，因此，只要苦的因緣止息，苦也會跟著止息，也就是涅槃。緣起揭露了世俗所稱的「自我」、「個人」如何隨因緣在無始以來的輪迴中，不斷經歷生死的流轉。

緣起的甚深教法包含十二支相互鉤纏的因素，由因果鎖鏈連接起來，鎖鏈包括三時：過去、現在、未來，每一緣起支的生起，都以前一支爲因緣或助緣，它本身又成爲下一支的因緣或助緣。這些緣起支純粹是因果法則下的名法和色法、苦的現象。最終止息一切苦，是靠修行八正道，也就是佛陀所教導的戒、定、慧三學。本書是修道的指引。

本書**第三部分**描述修定和修觀，這能讓我們體證阿毗達摩所揭露的眞理。修定有很多方法，最常用的就是安那般那念（ānāpānasati），或稱入出息念。因爲它是最常用的止禪目標，能用來達到禪那（jhāna）。第十章系統性地詳述入出息念的修行，並對治障礙止觀的五蓋——貪欲、瞋恚、昏沉睡眠、掉舉惡作和疑。一旦成功達到初禪，禪修者可以轉向觀禪——逐一審察與禪定相應的各種心所。

爲了體證在究竟的意義上，身體只是由四大元素組成，因此本書介紹兩項有關的修行，一是古來開示的三十二身分，二是帕奧禪林教導的四界分別觀。本書最後揭示剎那剎那的觀禪修行，重點在於應用正念和智慧，以解脫執著所帶來的痛苦，這個修行從六塵撞擊六根開始，在正式禪修和日常生活都很有用。

揭開人類身心的奧祕，看似一樁極端巨大的工作，正因如此，阿毗達摩是一條管用、又有系統的道路，效果立見。把教理和實際修行結合起來，加上耐心和精進，定可揭開這奧祕，完全悟道。

雖然這本書看似輕鬆寫來，其實是希望做為一本嚴肅的修行手冊，讀者需要慢下來，精確嚴謹，愼勿快速得出虛妄的結論。本書目的是用直接、簡單、直率的語言表現主題，不需要具備佛法知識，即使初學者也可以深入理解。各主題相互關連，按先後次第鋪陳。若沒有實際去研讀和修行，便逕行評價、假定推測、驟下結論，都是隱患。沒有修行的話，阿毗達摩中的主題便看起來沉悶呆板，而且形而上；但只要有了簡單而持續的修行，這些知識層面的過患即可避免。是否能深入阿毗達摩，人人不同，全看他現階段對佛法的理解。心與降落傘一樣，只有張開才能運作。這要靠人人把佛陀所說的法當做修行，而不是當成理論。持續研讀、反問、尋找解決方案，你會從本書得到最大的利益。

那些知道道理、知道法後，隨法實行的眾生少，那些知道道理、知道法後，不隨法實行的眾生多。

（增支部1：330經）

那些在急迫處激起急迫感的眾生少，那些在急迫處不激起急迫感的眾生多。

（增支部1：331經）

那些如理勤奮的眾生少，那些不如理勤奮的的眾生多。

（增支部1：332經）

願你是那少數之一！

關鍵辭彙說明

為助讀並減少重複的腳註，這裡列出書中關鍵辭彙：

● **阿羅漢**（arahant, arahatta）

字義為「應供」，內心已除去一切煩惱，以最後觀智完全解脫。

● **有分心**（bhavaṅga）

字義為「潛意識生命流」、「生命相續流」、「存在之要素」，是生命存在必需的因緣。有分心是果報心，作用是在任何一個生命中，從受精到死亡，保持心相續流的轉起。

● **法**（dhamma）

字義為「軌持」。⑴佛陀的教示，普遍的法則，究竟的眞理。⑵事物，心的目標，現象。

● **界**（dhātu）

四大元素（mahā-bhūta）——地、水、火、風。這是色法的主要性質，但不是色法本身。

五取蘊

對色蘊、受蘊、想蘊、行蘊、識蘊的執取，這五者組成我們在世俗上所稱的人，由於無明和渴愛而成為執取的目標。

心所依處（hadaya vatthu）

位於心臟中的血，是（除了雙五識③以外）其他所有識的依處，其實，佛陀並沒有明確指出心的依處，正如他也沒有指出其他根的依處。自古以來，在佛世，心臟是心的依處，是一般主流的觀點。在《發趣論》（*Paṭṭhāna*）中，佛指出心的依處是「依靠那色法……」卻沒有斷言「那色法」是心所依處，註釋家分析各種色法形式，下結論說「那色法」就是心所依處。

速行心（javana）

統覺，推動。字義為「快跑」，這是因為它在欲界心路過程中，對著一個目標會跑過七個心

---

③雙五識（duka pañca-viññāṇa）在五門心路過程裡，由於善或不善業的成熟，使可喜或不可喜目標撞擊五根門，生起的善或不善果報眼識、耳識、鼻識、舌識、身識，分別執行看、聽、嗅、嚐、觸的作用。善果報眼識、耳識、鼻識、舌識與捨俱行，身識與樂俱行；不善果報眼識、耳識、鼻識、舌識與捨俱行，身識與苦俱行。

識剎那，這七剎那每一心識都是同樣類型，只是每一心識的業力有不同的果報。

禪定（jhāna）

意爲極爲專注，指「深度思惟……的狀態」或「燃燒五蓋」。在禪定的狀態，心有一段時間深度思惟單一目標，同時完全卻短暫地停止五根活動（看、聽、嗅、嚐、觸）。

色聚（kalāpa, rūpa-kalāpa）

字義是「物質的聚集」，微小的粒子，包含八種元素：地、水、火、風、色、香、味、食素。這八不離色形成八法聚（octad kalāpa），是色法的基本單位，每秒鐘生滅幾百萬次，有些色聚有九法聚（nonad kalāpa），有些有十法聚（decad kalāpa）。

業（kamma）

行，正確地說，是在有自覺意識下，身、語、意的善行和惡行。這些行創造能量，稱爲業的勢力，保持惰性和被動（但還是連接著生命相續流），直到力量成熟，產生果報（見以下「業報」）。

● **業報**（kamma vipāka）

某種業的結果，與初造業時呈現的「行」相應。換句話說，惡業有苦果，善業有樂果。

● **業有**（kamma-bhava）

生命存在中業的主動面，成爲投生的因，包含著善行和惡行。

● **涅槃**（nibbāna）

字義是「（蠟燭）吹滅」或「遠離渴愛」。這是名法和色法的息滅，有時又稱「不死界」，它的描述包括：「貪、瞋、癡永滅」、「平靜的特相」。涅槃是對未來的生老病死以及苦難，終極、絕對的解脫。

● **五入處**

這是用來看、聽、嗅、嚐、觸的生理入處。並非指眼、耳、鼻、舌、身本身，而是每一個器官的四大元素中的「淨色」：眼處（眼淨色）、耳處（耳淨色）、鼻處（鼻淨色）、舌處（舌淨色）、身處（身淨色）。五淨色是五識實際的處所。

●止（samatha）

定、平靜、寧靜的禪修，這是一種禪修，心長時定於單一目標，來培育深度的專注和禪定。這是鎮定、平靜、清明的心的狀態，心暫時鎮伏不淨和五蓋。「定」給接著下來的「觀」更多洞察的力量。佛陀教導過許多止禪業處，如入出息念、三十二身分、四梵住等。

●生死輪迴（saṁāra）

「一再投生」，字義「永恆的漂泊」。生老病死持續的過程，一次又一次，是五蘊生、滅、又生、又滅的連綿的鎖鍊，五蘊是剎那剎那不斷變化，持續不可思議長的時間。一生只占生死輪迴很微小、很瞬間的一部分。

●三共相（ti-lakkhana）

一切有爲法的三種特相：

1. 無常（anicca）

無論在世俗上還是究竟上來說，事物都會徹底改變、不斷變化。「未生者生，已生者滅」，現象都是不穩定、經常變化、剎那剎那生滅。

2. 苦（dukkha）

或稱不圓滿，由於被一再的生滅所逼迫，這個字是從字根du而來，意爲壞或惡，以及kham，意爲無。說是苦，因爲惡並且缺乏永續的快樂。

3. 無我（anattā）

在究竟的意義上，沒有一個永續、常存的自我（atta），沒有實質或本質，也沒有擁有者或控制者，一切現象不隨順個人的意志，所以無我。無我的教義必須經由緣起來了解。

觀（vipassanā）

字義是「看清楚」或「洞察力」。這是體驗性的知見，從禪修的親身直接觀察而生起，看見名法、色法或五蘊（見上），及其因緣的三共相。觀禪的修行的成就，直接導向四果。

如理作意（yoniso manasikara）

這是正確的作意。心的注意、思慮或思惟，與眞理一致，也就是說，作意無常眞是無常，苦眞是苦，無我眞是無我，煩惱眞是煩惱。

第一部

四聖諦

1 心

一、心是什麼？

我們許多人由於不清楚「心」一詞的涵義，往往認定心就是「我」（I）或「自我」（myself）。比方說，我們看、聽、嗅、嚐、觸、想，然後每當眼識生起，執行看的作用，我們就會說「我看」、「你看」、「他們看」或「我們看」。同樣地，每當耳識、鼻識、舌識、身識或意識生起，我們就說**有人**在覺知。然而，從**究竟**和非常眞實的意義來說，這些現象僅僅是客觀的心和相關的心所（cetasika）生生滅滅。這樣來檢視我們的經驗之後，很顯然最終並沒有一個自我（ego or self），也沒有一個永恆的靈魂在操控我們的身心。只要我們既不知道、又看不見發生了什麼（因爲缺乏觀智），便很容易把基本的、客觀的色法和名法的過程誤以爲是永存的靈魂或自我。

心的特相**僅是識知目標**❶，不過是純純粹粹識知目標，註釋書把心稱爲認識目標的**過程**。

每一個心都因注意目標而生起，心不能沒有目標而生起。心喜愛並緊緊抓住六種目標，即色、聲、香、味、觸、法，這是經由六種不同的入處來執行，即眼處、耳處、鼻處、舌處、身處、意處。在巴利語中，citta、mano 和 viññāṇa，都譯爲「心」。但爲了本書的目的和表達清晰起見，這裡僅以 citta 一字來表示心。

阿毗達摩以四種範疇來確定究竟眞實法：特相、作用、現起、近因。心的特相是**識知目標**。其作用是對伴隨而來的諸心所，做**前導者**，領導諸心所，一同生滅。其現起是在禪修體驗裡，呈現出**相續不斷的過程**（sandhāna），而不是乍看起來那樣：好似有個別獨立的生命個體（一個緊實而非組合的實體）正在體驗各種現象。其近因是名色，因爲心不能不靠助伴心所和色法依處而單獨生起。

單一心識生滅所需的時間，稱爲心識刹那。要定義這無限小的時間非常困難，但爲了要說清楚，我們只能非常概括地說，一彈指之間，有上百萬或上兆的心識生滅。這就是身心現象的本質，我們不必信奉，也不必只當做理論來接受，因爲在禪修中，藉著深定和熟慧，心會清淨、強力、光亮，會直接知道、看到刹那生滅。因爲心非常快速地接連生滅，看起來是連續

❶ 即識知所緣，本書中多譯為目標，亦有依《阿毗達摩概要精解》譯為所緣，如色所緣。

的，好像有一個不變的自我在體驗各種現象——其實眞正的現象是：心識剎那離散、快速接續，在固定、井然有序的過程中操作，生起識知。這種客觀的過程好比電影，這運動的幻象其實是根據許許多多（不動的）個別的片格井然有序地一一接續呈現。

舉一個例子可能會清楚些。我們看電視時，似乎聽與看同時發生，其實在究竟的層次上並非如此。兩個心識剎那——這裡指「眼識」與「耳識」——不能同時生起，而且單一心識剎那不能注意一個以上的目標，我們不知道的是——也就是說，我們因爲沒有知見，所以看不到、也知道不了——眼識只看得到色所緣，耳識只聽得見聲所緣。

「看」發生於一系列的眼門心路過程，然後一個接著一個生起許多意門心路過程（見下一章），「聽」發生於一系列的耳門心路過程，然後同樣生起許多意門心路過程。這些入處散在不同之處且快速生起，好似同時發生。要待我們有了正定和觀智，才會知道它們眞實的情形。

雖然心極爲快速地生滅，但同樣都要經過三個階段：即：生（uppāda）、住（ṭhiti）、滅（bhaṅga）。這些階段稱爲心識小剎那。

生指心的出生，住是衰老，滅是死亡。因此，要是認爲心是「我」，那麼在究竟的意義中，這個我就好像只活了一個心識剎那，而不是如世俗意義中所說的「我」——由受胎至死亡。其實，我們隨著每一心識剎那，不斷出生、衰老、死亡。

我們原以爲有一個體驗者在過程背後體驗，只要在禪修中思惟這些過程，這些過程其實都會放慢下來，於是這樣的妄想就粉碎了。當心以正常速度運作時，由於受到蓋障和煩惱的圍困，心受到遮蔽，就會存有妄想，直到智慧令我們如實看到現象的本性，並揭露出原本隱藏的過程，才能除去妄想。

心可用兩種方法來分類：

1. 依種類❷分

2. 依界或地（生存地）分

二、心，依種類分

儘管心只有一個特相，即識知目標，但有一種分類的方式便是根據種類①，分成四類：

❷尋法比丘《阿毗達摩概要精解》譯為「本性」。

①請注意此處討論的四種心識，僅限於欲界心。欲界心多生起於住在欲界的天道、人道、餓鬼道、畜生道、地獄道的心識流，雖然也可能生起於色界衆生。

1. 不善心（akusala citta）
2. 善心（kusala citta）
3. 果報心（vipāka citta）
4. 唯作心（kiriya citta）

1. 不善心

不善[2]的巴利語是akusala，意爲不善巧、心理不健康、道德有瑕疵、能產生痛苦的果報，不善心是引起自己和他人煩惱的一切心行。

不善心有三不善根：貪（lobha）、瞋（dosa）、癡（moha）。其中有八個貪根心，二個瞋根心和二個癡根心，共計十二種（見附錄一）。

貪根心有貪根和癡根[3]，依據以下三種因素而分爲八種：

⑴視與其相應的受，是悅受還是捨受；

⑵視其心，是否與邪見相應；

⑶視其心，是有行或無行。

無行是指自然生起的心識，不經他人慫恿或勸誘，有行是由他人所誘導或強加。不善行若是「無行、出於邪見、感到悅受」，其果報比「有行、同樣出於邪見，卻感到捨受」還糟。

有行和無行的兩種瞋根心，都有瞋根和癡根，總是與憂受俱行。

應注意的是，貪和瞋不可能共存於同一心識剎那，因為它們本性剛好相反。貪的本質是抓取、不肯放手，瞋的本質則是推拒和毀壞。癡是不善心的潛在之根，每一個不善心中都有癡根，就算與邪見無關的行為也是如此。癡不僅僅矇蔽心識，無法分別善惡，就更普遍的意義來說，還是無知於因緣法的真實本性。

剩下的兩個不善心，只有癡根，總是與捨受俱行，一個與疑相應，一個與掉舉相應。前者如疑於業果是否真的善生樂果、惡生苦果，或疑於佛陀的證悟。後者令心隨意渙散，不加約束。與這兩種癡根心俱行的受只有捨受。

②不善，有時譯為壞或惡，但沒有西方所謂原罪的意涵。

③下一章會提到，心與心所同時生起，不善心總是與其「根因」的心所同時生起，因此或為貪根和癡根一對，或為瞋根和癡根一對，或者是只有癡根。

十二種不善心中，每一不善心都有潛力在今生或來世產生痛苦的果報，除了捨俱掉舉相應一心的力道相對微弱，其餘十一種不善心一旦造下，若因緣具足，將導致投生四惡道的苦報④。

2. 善心

在巴利語中，善稱爲 kusala，意爲在精神上健全，在道德上受到讚譽，並且能於今世及來世產生樂果。善心指爲自己或他人帶來幸福的心行。善心有三善根：無貪、無瞋、無癡⑤。欲界善心計有八種：四種二因（無貪、無瞋）相應，四種三因（無貪、無瞋、無癡）相應⑥（見附錄二）。

欲界善心依據以下三種因素而分爲八種：

⑴視與其相應的受，是悅受還是捨受；

⑵視其心，是否與智相應；

⑶視其心，是有行或無行。

讓我們來討論第一個善心：「**悅俱、智相應、無行一心**」。例如一個小男孩自然而喜悅地將食物布施給一隻狗、一個飢餓的人，如果他住在東南亞，可能供養前來托缽的比丘或戒尼❸，他明白這是一樁善行，必然會產生快樂的果報。這樣一個善的身行有三因：自自然然放棄了自己的食物，是一種無貪和慷慨的現起；對於受施的人的善意和仁慈，是一種無瞋和慈心的現起；有業報的知見，是無癡或智慧的現起。

有時候，同樣的善行也許是「捨俱、智不相應、有行一心」（只有兩因，沒有智慧），所產生的果報有什麼不同呢？佛陀說：「善行自然地產生悅受、與智相應」所產生的果報，遠比沒有這三個因素的心行殊勝，尤其是智的因素。如果與智不相應，那麼此善心及善行業果成熟時，可能投生成爲愚鈍的人。

一切善行，如慈善、持戒、提供社區服務、照顧父母、知足、無害、禪修等，都是由八種善心之一生起的。

④四惡趣為畜生道、餓鬼道、阿修羅道、地獄道。為三十一界中最低者。

⑤下一章會提到，善心總是與其「根因」的心所同時生起，如無貪、無瞋、無癡。

⑥無癡亦稱為智慧、正見、知見，有很多意義，包括知有業報、知名色的自相以及有為法三共相的觀智。

❸南傳佛教的比丘尼傳承約在九至十一世紀之間中斷，因此目前沒有 bhikkhuni（受具足戒的比丘尼），只有 sayalay（一般譯為十戒女或戒尼），本書原文為 nun 之處，多譯為戒尼。

3. 果報心

善心與不善心都皆會造業⑦，業果成熟時，引生的心就是果報心，包括五識，如眼識、耳識、鼻識、舌識、身識等。果報心計有二十三種（見附錄三）。

4. 唯作心

唯作心既不留下業力，也不是業果，包括一切不會留下業果的心行。

在此，我們看到果報心和唯作心都是無記業，換句話說，這些心不能歸類於善心或不善心。阿羅漢做出的行爲，如：服侍師長、講經說法、教導禪修及修習止觀，當然都是出於最純淨的作意，他們的心就是唯作心。只有心中有渴愛時，業力才會衍生業果。因爲阿羅漢已經斷除所有的渴愛，他們的行爲不會引生任何果報。唯作心計有十一種（見附錄四）。

三、心，依界或地分

佛陀的教示中，宇宙中有無數秩序而和諧的世界系統，地球僅是其中極其微小的一部分。根據佛教的宇宙觀，世界系統中的有情眾生分布居住在三十一界地（見圖1）。

⑦此一陳述適用於除了阿羅漢的一切眾生。

圖 1：三十一界地

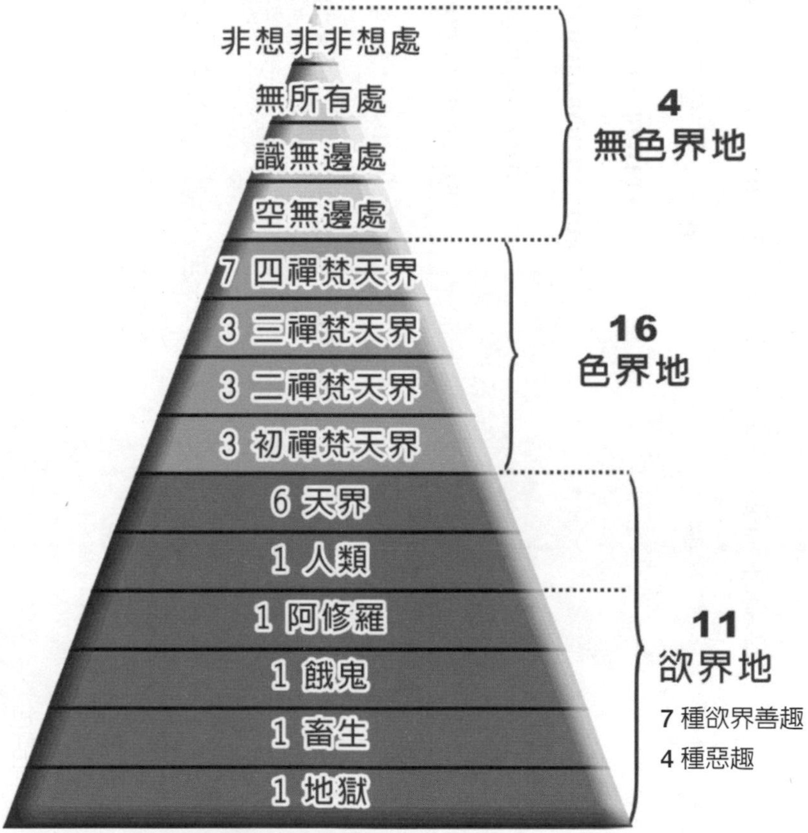

界地大體分爲三類：

1. 四無色界
2. 十六色界
3. 十一欲界。十一欲界又可細分爲兩類：

⑴七欲界善趣，包括六天界，加上人類；

⑵四惡趣，包括阿修羅、餓鬼、畜生及地獄眾生。

有情眾生所住的界地是他們心的反映和果報。

心與三十一界地一致，可分爲四類：

1. **欲界心**（**kāmāvacaracitta**）
2. **色界心**（**rūpāvacaracitta**）
3. **無色界心**（**arūpāvacaracitta**）
4. **出世間心**（**lokuttaracitta**）

要注意界心和界地並不相同。

前者根據心的種類來分類，後者爲眾生投生、居住、過活的界地。

1. 欲界心

欲界心主要在十一欲界地活動。在此界中，心主要是渴望享受欲樂如：色、聲、香、味、觸等五欲。其中包括：十二不善心、八欲界善心、二十三果報心及十一唯作心。

2. 色界心

此界之心包括一切相應於色界地（rūpabhūmi）的心，在色界地並沒有粗顯的色法，僅有殘餘非常微細的色法。此心是禪定的心，經由入出息念、十遍[8]、四無量心[9]（brahmavihāra）等的成就。在此界中，心已解脫五欲之樂，阻礙心證得禪那的五蓋[10]也被降伏。

色界心共有十五種：五色界善心、五色界果報心、五色界唯作心。

---

⑧遍處是禪修的方法，十遍處是地遍、水遍、火遍、風遍、青遍、黃遍、赤遍、白遍、光明遍、虛空遍。
⑨四無量心是慈、悲、喜、捨。
⑩五蓋是貪欲蓋、瞋恚蓋、昏沉睡眠蓋、掉舉惡作蓋、疑蓋。

五色界善心是：

1. 尋、伺、喜、樂、一境性俱初禪善心。

2. 伺、喜、樂、一境性俱第二禪善心[11]。

3. 喜、樂、一境性俱第三禪善心。

4. 樂、一境性俱第四禪善心。

5. 捨、一境性俱第五禪善心（見圖2）。

此五種色界善心是依據禪支而分類的，從初禪進入第二禪時，禪者捨棄較粗的尋禪支，而保持伺、喜、樂、一境性。同理，進入第三禪和第四禪時，禪者分別捨棄較粗的伺、喜禪支，進入第五禪時，樂禪支為捨禪支所取代。

阿毗達摩將禪定分為五禪，與經中分為四禪不同。在經中，大部分禪修者證得二禪時，同時捨棄較粗的尋、伺禪支，因此這些人的二禪類似阿毗達摩的三禪。

五色界善心只在居住於十六色界地的眾生心流中生

圖2：色界心及其禪支

色界善心	尋（Vitakha）	伺（Vicāra）	喜（Piti）	樂（Sukha）	一境性（Ekaggatā）	捨（Upekkha）
初禪	✔	✔	✔	✔	✔	—
第二禪	—	✔	✔	✔	✔	—
第三禪	—	—	✔	✔	✔	—
第四禪	—	—	—	✔	✔	—
第五禪	—	—	—	—	✔	✔

起，也會在欲界地的人及天人證得相應禪那時的心流中生起，他們若能在臨終時刻維持禪那，這個善業的直接果報就是投生至與其禪那相等的色界地。那時，他們的結生心便稱爲色界果報心（見附錄五）。五色界果報心是五色界善心的直接果報，只存於色界地，正如生於此處的眾生的結生心。

五色界唯作心只出現於已證得五色界禪的阿羅漢，無論身居於色界地還是欲界地（見附錄六）。

3. 無色界心

無色界心是「活動」於四無色界地（arūpabhūmi）眾生的心。能投生至四無色界地是由於證得無色界禪，比色界禪還要微細。無色界心不但沒有欲貪，也沒有色貪。此界眾生沒有色法，只有心和心所。

⑪ 論藏的初禪和二禪相當於經藏的初禪。

無色界心共有十二種：四無色界善心、四無色界果報心、四無色界唯作心。

四無色界善心是：

1. 空無邊處善心（Ākāsānañcāyatana-kusalacitta）

2. 識無邊處善心（Viññāṇañcāyatana-kusalacitta）

3. 無所有處善心（Ākiñcaññāyatana-kusalacitta）

4. 非想非非想處善心（Nevasaññānasaññāyatana-kusalacitta）

當禪修者以任一遍處修至色界五禪時，會思惟色法的過患：因有色身，所以會遭受武器的攻擊及罹患各種疾病，如眼疾、耳疾、心臟病等。如此思惟後，禪修者對於色法產生厭離並欲修習無色法的禪——無色界禪。接著，他擴大遍處的禪相至十方，譬如：專注於地遍中的空間和洞，來除去地遍，同時，內心默念：「虛空！虛空！」於是，地遍消失之後，留下來的只剩虛空。藉著一再專注於虛空，便達到無色界禪，稱為「空無邊處禪」。在那當下，他的心流中是相應於空無邊處禪的空無邊處善心。

要進入第二無色禪，即識無邊處禪，禪修者先思惟識無邊處禪寧靜的本質。接著，他取之前達到空無邊處禪時的禪那心為目標，專注於那個禪那心，並默念：「識無邊！識無邊！」如此一再專注於那心識，便達到第二無色界禪，稱爲「識無邊處禪」。在那當下，他的心流中是相應於識無邊處禪的識無邊處善心。

要進入第三無色禪，即無所有處禪，禪修者先思惟當「識無邊處禪那心」存在時，「空無邊處禪那心」即不存在。因爲兩個心不能同時出現在一個心識刹那中。現在，他取「空無邊處禪那心」的不存在爲目標，默念：「無所有！無所有！無所有！」如此一再專注無所有相，便達到第三無色禪，稱爲「無所有處禪」。在那當下，他的心流中是相應於無所有處禪的無所有處善心。

要進入第四無色禪，即非想非非想處禪，禪修者取無所有處禪那心作爲目標，進行第四種無色禪，即非想非非想處禪。他專注於無所有處禪心爲「此心殊勝！此心寧靜！」持續不斷地專注該相，便達到第四無色禪，稱爲「非想非非想處禪」。在那當下，他的心流中是相應於非想非非想處禪的非想非非想處善心。此禪之所以稱爲非想非非想處禪，是因爲想非常細微，已經沒有決定性的作用，因此不能稱爲有想，但想並非不存在，只是種殘留的形式。

無色界心不同於色界心之處在於，每一無色界禪都同樣只有兩個禪支，即：一境性和捨。四無色界善心不只是在無色界地眾生，也會在欲界地的人和天人證得禪那的心流中生起。只要他們臨終時進入無色界禪之一，例如空無邊處禪，下一生便會投生於相應的空無邊處界地。

他們的結生心是臨終時空無邊處善心所產生的直接果報，因此稱為空無邊處果報心。因為無色界善心有四類，所以無色界果報心也分別有四類（見附錄七）。

另有四無色界唯作心（見附錄八），只有證得四無色界禪的阿羅漢才會生起。

欲界有善心和不善心，但色界、無色界和出世間心沒有不善心。

4. 出世間心

出世間心是超越五取蘊的聖心（ariyacitta）。這種心引領我們脫離生死輪迴的三界，並證入究竟的寂靜，即涅槃，即苦的徹底止息。

出世間心共分兩類：

1. 四出世間道心——須陀洹道心、斯陀含道心、阿那含道心及阿羅漢道心。
2. 四出世間果心——須陀洹果心、斯陀含果心、阿那含果心及阿羅漢果心。

出世間道心與出世間果心皆緣取涅槃為目標，在第六章涅槃將進一步詳述。

四、結論

至此，我們以兩種方法分析了心識：

1. 以種類

2. 以界或地

下一章將要討論心識如何根據心路過程運作。

五、禪修練習

這個修行有兩個目的：

1. 幫助了解心的特相，即純粹地識知目標；

2. 了解心的無我的本性。

安靜地坐著，不要注意任何目標，因爲目標（例如聲音、感受、身體覺受）一直都有，許多可能的目標都會從心現起，**讓目標來到心**，你（一個自我）不需要做什麼事，心就會立刻覺知。注意：**心此刻在做什麼**。一旦識知了那個目標，你會注意到另外一個目標又會進入覺知，觀照心如何自動放掉前一個目標，覺知新來的目標。然後另外一個目標又會生起，譬如說一個念頭。心又放掉前面一個舊目標而抓住這個新的念頭。這些目標不斷進入心，一個接一個，心也不停識知每一個目標。你很快就會明白，這個過程根本不需要有一個指導員站在心的後面，也是會發生的——**只要你不對這個目標有所反應**，只是純粹地觀察。進行觀察，並不需要有觀察者。

2 心路過程和離心路過程

一、心路過程和離心路過程

這些不同種類的心如何運作?心的生起,有下列二種方式:

1. 心路過程(cittavīthi)

2. 離心路過程(vīthimutta),發生在結生、有分和死亡。不在心路過程之內。

心路過程是什麼?根據阿毗達摩,我們每時每刻都感受到各種的心——注意一個目標。當諸識於五根門或意門生起,識知一個目標時,並不是隨機生起的,而是一系列不同的心識剎那,以確定而一律的秩序,一個心識剎那接著一個心識剎那生起,稱爲心之定法(citta niyāma)。

心路過程以下列二種方式生起:

1. 五門心路過程

2. 意門心路過程

二、五門心路過程

五門心路過程包括：

1. 眼門心路過程
2. 耳門心路過程
3. 鼻門心路過程
4. 舌門心路過程
5. 身門心路過程

每一門心路過程都分別有不同的目標，如色、聲、香、味、觸。

三、有分心

在討論五門心路過程之前，我們首先需要了解何謂有分心（bhavaṅga）。巴利語 bhavaṅga 是由 bhava 和 aṅga 兩個字組成的。bhava 是存在，aṅga 是因素，所以 bhavaṅga 是「存在的因素」，即生存不可或缺的條件。有分心的作用是在一世當中，從投生至死亡之間保持生命流不會中斷（見圖3）。

一切有分心都是由過去業所引生的果報心。只要沒有心路過程發生時，無數被動、離心路、剎那生滅的有分心就會填滿心路過程之間的空隙，以保持生命流不會中斷。在一期生命的心路過程或有分心中，心在每一剎那都必須生起，因爲只要生起這一期生命的因素依然存在——換句話說，只要造成這一期生命的業力尚未耗盡——心流是無法中斷的。

心流只有在一種情形下可以暫時中斷：就是阿那含聖者或阿羅漢聖者進入滅盡定（nirodha samāpatti）的時候。他們有時對名色不間歇地生滅感到非常厭倦，就會進入滅盡定來中斷心流和心生色法，入定時間的長短依照他們先前的決意，可能是幾個剎那，或一天，

圖 3：有分心

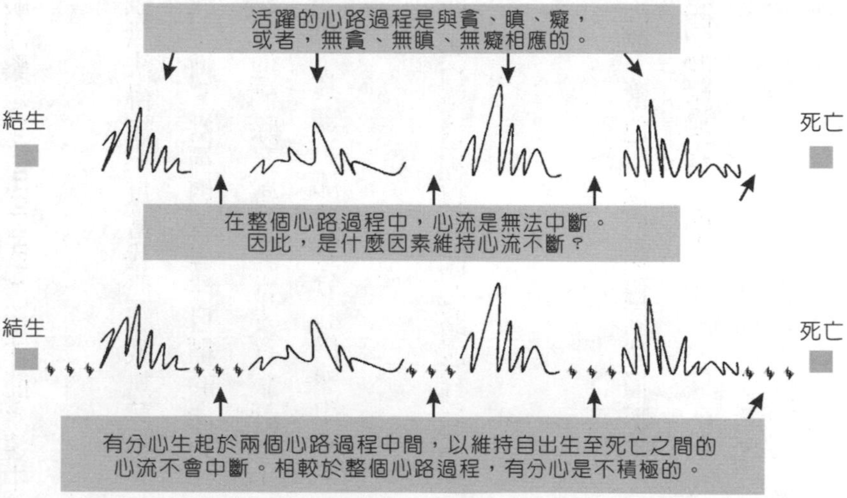
活躍的心路過程是與貪、瞋、癡，
或者，無貪、無瞋、無癡相應的。
結生
死亡
在整個心路過程中，心流是無法中斷。
因此，是什麼因素維持心流不斷？
結生
死亡
有分心生起於兩個心路過程中間，以維持自出生至死亡之間的
心流不會中斷。相較於整個心路過程，有分心是不積極的。

最多可長達七天。出定之後，心流會繼續，只有在阿羅漢般涅槃（parinibbāna）後才能永遠中斷，因爲阿羅漢的道智完全根除了引生心流的無明和渴愛。

有分心的目標並非今世目標，因爲非常微細，我們一般無法得知，每當我們深眠無夢時，有分心即在每一剎那中生滅，有如河流般不斷地維持生命流不斷。當禪修者專注目標的念力逐漸轉弱而不再覺知目標時，心會落入有分狀態。在那個時刻，他們除了感覺非常安詳寂靜外，無法覺知任何事物。有時候，有些人會誤以爲名色已經中斷。其實，那時有分心仍然生滅不斷。然而，因有分心非常微細，初學者無法分辨。

明白了有分心的作用之後，我們再回過頭來討論五門心路過程，這裡以眼門心路過程爲例。

四、眼門心路過程

沒有心路過程生起時，有分心就會持續地在每一剎那生滅。當色所緣或顏色同時撞擊眼淨色及有分心時，一系列十七個心識剎那即依序生起，稱爲眼門心路過程，如下：

1. 過去有分（atīta-bhavaṅga）

一個有分心滅去了，因此名爲過去有分。

2.有分波動

（bhavaṅga-calana）

現在由於新的色所緣撞擊眼淨色，有分波動了。

3.有分斷

（bhavaṅgupaccheda）

有分流被切斷，讓路給下一個心識剎那的心路過程。

以上三個有分心組成眼門心路過程的離心路部分。

4.五門轉向心

（pañca-dvārāvajjana）

這個心啟動了主動的眼門心路過程，它將心轉向顏色，

圖 4：眼門心路過程──認知色塵

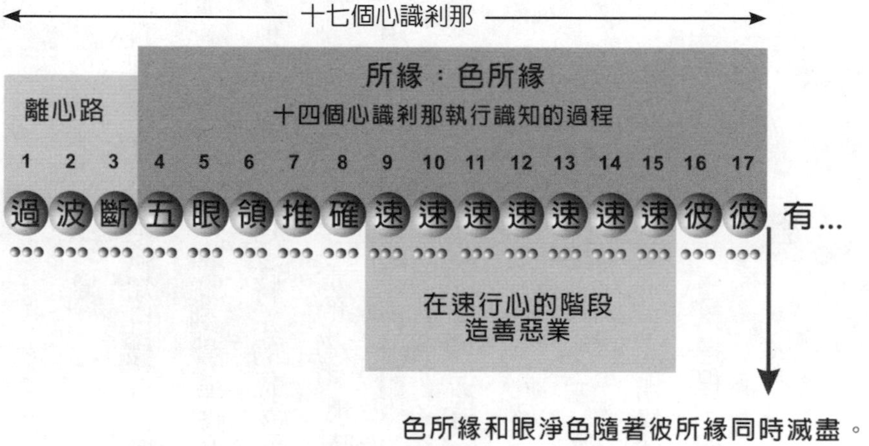

註解：每一個圓圈代表一個心識剎那，每一個圓圈下面的三個小圓圈代表每一個心識剎那的三小剎那：生、住、滅。

關鍵字：		
過　過去有分	波　有分波動	斷　有分斷
五　五門轉向心	眼　眼識	領　領受心
推　推度心	確　確定心	速　速行心
彼　彼所緣	有　有分心	

好像詢問：「這是什麼？」轉向心是唯作心。

5.眼識（cakkhu-viññāṇa）

這個心執行看到顏色的作用。但它只能看到顏色，無法識知目標是什麼特定的顏色，也不能識知目標此時的形狀或形式。若目標是聲音，耳識會生起而聽到聲音，但無法識知那聲音的意涵。若是味道，鼻識會生起而嗅到氣味，但無法識知是什麼特定的氣味。若是味道，舌識會生起而嚐到味道，但無法識知是苦，是酸，還是甜。若是有形的物體，身識會生起而觸到實物，但無法識知是軟，是硬，還是冷。五識中的哪一識會生起，要看相應的五塵，因為一彈指間就有數十億個心識剎那生滅，我們會誤認一旦看到，就能認識其形狀；一旦聽到，就能辨別聲音的意義；一旦嗅到，就能知道是好氣味，不一而足。其實在看到顏色、眼識生起的階段，目標只是個初級的概念，尚未完全清晰。五識①是果識，亦即來自過去善業或惡業的果報心。

6.領受心（sampaṭicchana）

領受色所緣，是果報心。

7.推度心（santīraṇa）

推度色所緣，是果報心。

8. 確定心（voṭṭhapana）

確定色所緣，是唯作心。

由4至8的這幾類心識，有它們自己的轉向、看、領受、推度及確定的作用，這些心的生起是無法控制的，也不會造業。

9.～15. 七速行②（javana）

速行的原意是「快跑」。得名的原因是指由一系列的心七次快速「跑」過目標以便識知它，這裡是指完全識知顏色的行動。這一個速行中連續的七個心，必定是同類。舉例來說，八種貪因相應的不善心③中的第一種心有因緣生起時，在速行階段，會連續生滅七次。

①五識是：眼識、耳識、鼻識、舌識、身識。

②速行意為統覺、推動。欲界速行一般生滅七次。在臨終最後心路過程，速行只生滅五次，因為心很微弱。色界速行，首次進入禪定時，只生滅一次。接下來進入禪定，速行生滅許多次，甚至百萬次，取決於決意。四出世間道心，只有一心識剎那的速行生起，然後滅去，接著是二或三心識剎那的速行果心。當聖者證果，果心如速行般作用，果心生起的多少和入果定的時間長短一致。

③見前一章心依種類分部分。

在速行階段，目標被充分地識知。從道德的角度來看，此一階段最爲重要，因爲善業和不善業即是在速行階段造作。不似前述諸心是無因心，速行心若不與貪、瞋、癡三不善因相應，就是與無貪、無瞋、無癡三善因相應，而這六因（三善因與三不善因）是造業最根本的因素。正如有根的樹比較穩定牢固，有因心比起其他的無因心，較爲穩定堅固。因此，業其實就是指一切有因的善心或不善心。因爲五門心路過程只能識知顏色等，所造的業不如意門心路過程強大。

16.～17.彼所緣（tadārammaṇa）

七個速行之後，有二個彼所緣心生滅，與速行心緣取同樣目標。彼所緣原意爲「取那個目標」（即緣取前面速行已識知的目標爲自己的目標）。就像一個跑得很快的人，在停下來之前，必先放慢幾步作爲緩衝，而彼所緣在速行之後生起二次，在心沉入有分流之前有緩衝作用。至此，有十七個心識剎那的眼門心路過程結束，這是因爲色法的壽命有十七個心識剎那，顏色和眼淨色都是色法，兩者都滅盡時，眼門心路過程同時結束，心又沉入有分流。

五、目標的四種呈現方式

心路過程到這一階段，十七個心識剎那完成。第一至第三個心識是離心路。第四至第十七個心識才是眞正的心路過程。兩個彼所緣只有在色所緣強烈撞擊眼淨色時才會生起，這稱爲彼所緣時分（tadārammaṇavāra）。有時候，當目標對心的撞擊並非極大時，兩個彼所緣剎那就不會生起，心路過程完成於速行時分（javanavāra）。色法（顏色和眼淨色）的壽命有十七個心識剎那，在有分波動以前，三個有分心會各生滅一次。

速行時分的十七個心識剎那

過 過 過 波 斷 五 眼 領 推 確 速 速 速 速 速 速 速

關鍵字：過　過去有分　　波　有分波動　　斷　有分斷
五　五門轉向心　　眼　眼識　　領　領受心
推　推度心　　確　確定心　　速　速行心

確定時分的十七個心識剎那

過 過 過 過 過 過 過 過 波 斷 五 眼 領 推 確 確 確

無效時分的十七個心識剎那

過 過 過 過 過 過 過 過 過 過 過 過 過 過 過 波 波

色所緣對心的撞擊力比較微弱時，在有分波動之前，許多過去有分心生滅，心路過程在確定心時即停止。這時甚至速行心亦不生起，但確定心會持續兩、三個心識剎那，然後沉入有分，這類過程稱爲確定時分（votthapanavāra）。

當色所緣對心的撞擊力極微弱時，心路過程完全沒有生起，只是有分波動幾次而已。色法壽命的十七個剎那中有十到十五爲過去有分，兩個剎那爲有分波動，這類過程稱爲無效時分（moghavāra）。

在各根門心路過程結束之後，有分心會在每一剎那中生滅，然後意門心路過程生起，以便更清楚識知目標。有分心必須於每一個心路過程結束後生起，這是心之定法。在兩個心路過程之間，有多少個有分心剎那生滅，是取決於心培育到什麼程度。沉入有分的時間越短越好，因爲這表示心是敏銳的。

六、意門心路過程

意門心路過程與五門心路過程稍有不同。意門心路過程一般只有十二個心識剎那。在眼門心路過程之後，許多有分心生起滅去，接著是意門心路過程，緣取前面的眼門心路過程的色所緣——這裡指顏色——爲目標。

在意門心路過程是這樣的：

1. 有分波動；

2. 有分斷；

3. 意門轉向心，將心轉向過去色所緣——這裡指顏色——的心像；

4. 速行心連續生起七次，以便認識顏色；

5. 兩個彼所緣生起，然後意門心路過程結束，心再次沉入有分。

假若目標不清晰，兩個彼所緣就不會生起。

許多意門心路過程接續生起，以便識知色所緣的顏色、形式、形狀和名稱，然後產生反應。

以下是一個五門心路過程之後有許多意門心路過程生起的順序：

圖 5：意門心路過程——識知法塵

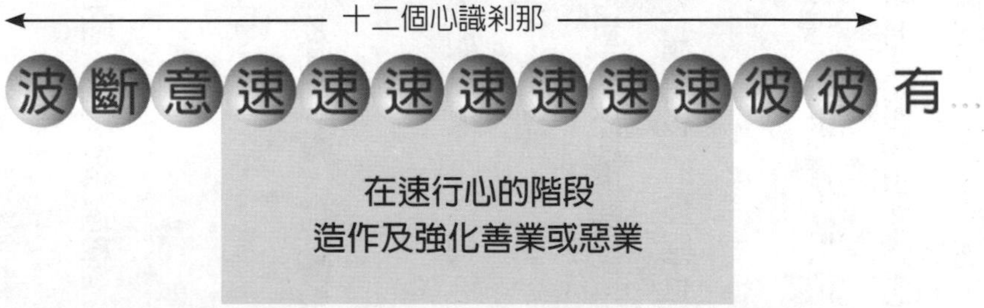

關鍵字：波　有分波動　　斷　有分斷　　意　意門轉向心
速　速行心　　彼　彼所緣　　有　有分心

1. 五門心路過程識知目標；這裡指眼門心路過程，識知顏色。

2. 意門心路過程識知過去色所緣的顏色的心像，過去色所緣已隨五門心路過程結束而停止。

3. 第二個意門心路過程識知目標是什麼顏色，如藍色還是白色等。

4. 第三個意門心路過程識知目標的形狀或形式，看到整個目標及其意義，這是已被過去的想蘊所決定的，想蘊的作用是識知過去已經認識的。

5. 第四個意門心路過程對色所緣分別，這已被界定為概念法，如「人」、「狗」、「車」等，這裡開始產生喜歡或不喜歡的反應，落入戲論（**papañca**）的習性。

6. 從第五個意門心路過程開始，所造的業比前面的心路過程更重，從此處開始，許多意門心路過程對同一法塵持續反應，因為目標變得更清晰，我們對它的反應也變得更強。

我們對目標如何反應，主要看我們在無數過去世所累積的業力④。如果有人累積很多貪愛，若目標是可意的，在速行階段必會生起貪根心。另一方面，如果有人累積很多瞋恚，若色所緣是不可意的，在速行階段必會生起瞋根心。如果我們一直以同樣的業行模式反應，力量就會增強，這模式就成為我們的第二天性，開始主宰我們的生活，如同雪球滑下坡，越滾越大。

七、速行心的業力

每一個反應都會留下業力。假使有人對一個人或其他目標生氣，意門心路過程的瞋根心會對目標在速行生滅七次，第五個意門心路過程力量增強，在這一系列的過程中，每一次重複就繼續發展，直到氣消了為止。彈指間就有數十億萬個心識剎那的瞋恨心生滅，不善的業力將潛伏在心流中。想想，一個人要是生氣五分鐘，更不用說如許多人那樣，生一小時、一天，或一年的氣，要造下多少不善業。對目標產生嫉妒、吝嗇和殘忍，也是一樣。

第五個意門心路過程的每一個速行都具有在今生或來世產生果報的潛力，數以億計的潛在業力，正等待因緣成熟時浮現成為果報。所以，要小心每一個業行，如鼴鼠丘的小惡行也會變成一座大山。誠如《法句經》（*Dhammapada*）第121偈所言：

④業力是由於善或不善的相關業行，以及慣性力量，而發展出來的行為模式。

莫輕於小惡！謂「我不招報」，
須知滴水落，亦可滿水瓶，
愚夫盈其惡，少許少許積。

儘管如此，我們可以有選擇，也有自由意志，對麻煩的人或情況不做負面反應。例如，如果我遭到詈罵或誹謗，便應思惟我現在所受的惡言，是我自己以前說的言語的回聲，「我不過正在收穫自己以前栽的種子。」如理思惟，不但可保持平靜，還可對那人生起悲心。「他無法控制邪思惟而說出惡語，多令人悲憫！」我感受到他的痛苦，我被悲心所推動，我希願他不會受到未來必受的果報。我不受他的惡言所擾，反而選擇讓自己對他充滿了悲心這種美心所。

因此，如果我們訓練自心成爲習慣，總是對逆境（或麻煩的人）具有悲心、慈心、安忍、寬恕、耐力、誠實、忠誠，便會在意門心路過程的速行階段生起無數的善心，在心流中留下無數美善的業力，這些善業的能量便會與我們如影隨形。

而且，我們若能如理思惟各種境遇中無常及無我的本質，智慧就成長了，更深刻理解生命和存在的本質，也因此培育出心的穩定、平等和離執。誠如《法句經》第122偈所言：

莫輕於小善！謂「我不招報」，
須知滴水落，亦可滿水瓶，
智者完其善，少許少許積。

八、善和不善的身、語、意速行心行

眾生在欲界意門速行階段，透過身、語、意造作善惡業。計有二十種業行，包括十惡業和十善業。

十惡業分爲三類：

身惡行有三種，分別是：

1. 殺生——殺害有情，行杖及施加暴虐，殘酷對待有情。

2. 偷盜——以竊盜的方式取得他人的財物。

3. 邪淫——通姦、強暴，與被法律保障、被父母親友或國家監護的良家婦女、未成年少女或有夫之婦等等發生性行爲。

身善行就是遠離這三種惡業。

語惡行有四種，分別是：

4. 妄語——爲了自己或他人的利益而說謊。

5. 兩舌——誹謗，複述聽來的話，離間雙方。

6. 惡口——說粗魯、傷人或冒犯的言語。

7. 綺語——說不適時、非事實、無用、不合理、極端、無益、違背佛法的的言語。

語善行就是遠離這四種惡業。

意惡行有三種，分別是：

8. 貪——貪心所，與意圖獲得他人財物的欲望俱生。

9. 瞋——瞋心所，與希望他人遭受傷害和痛苦的欲望俱生。

10. 邪見——否定業報之見。

意善行就是遠離這三種惡業。

總之，十善業就是遠離以上所述的十惡業。

另一組十善業是：⑴布施，⑵持戒，⑶禪定，⑷尊敬，⑸服務，⑹迴向，⑺隨喜功德，⑻聞法，⑼說法，⑽正直知見。

九、心不是我

每一心識都根據心之定法，或發生於心路過程，或發生於離心路過程。心識依序生起，執行其作用，隨即壞滅，並成爲下一個心識生起的因緣條件，毫不間斷，發生得非常快速。如果我們觀察不到心識是這樣的情況，又沒有除去一切妄想，我們怎會知道自己是誰？我們是什麼？我們相信有個恆常安住的自我，是否有任何根據？

眼識的生起依賴因緣條件：必要靠色所緣、光源、眼根、眼觸與作意的因緣生起。如果色所緣沒有撞擊眼根，眼識不會生起。如果有色所緣和眼根，卻黑暗沒有光源，眼識仍不會生起。甚至具備了色所緣、眼根和光源，卻不去注意色所緣，眼識還是不會生起。

同樣地，耳識的生起的必要因緣是：聲音、空間、耳根、耳觸與作意。如果聲音沒有撞擊耳根，耳識不會生起。如果有聲音與耳根，但聲音卻給牆擋住了，耳識仍不會生起。甚至如果有聲音、耳根與空間，卻不去注意聲音，耳識還是不會生起。因此，這些只是個各種因緣和合而產生的現象罷了，並沒有一個根門活動或識知行爲可稱爲「自我」或「靈魂」，也沒有人在主宰這個過程。

眼識執行看的作用，不是自我，佛陀說：

如果說：「眼是我。」那是不成立的。眼識的生起與消散會被了知，既然其生起與消散被了知，就會接著形成「我的眞我生起，消失了。」因此，如果說「眼是我」是不成立的❶。

——《六個六經》（中部148經）

因此，眼識不是我，其他五識也一樣不是我。

那麼，人們爲什麼會發展出自我和實體的邪見呢？因爲心識在一個接一個的心路過程中發生，我們無法分解「心相續流」（相續密集 santati-ghana），看不到單一心識不斷展現的過程，於是認爲只有一個心識，並且那同一個心識在執行看、聽、嚐、想等等作用，並感受業報等，因而產生「我」之邪見。佛世有一位嗏帝（Sāti）比丘，持有邪見，認爲同一心識穿越多生累世，佛陀呵斥並爲他開示心識的緣起，見《渴愛的滅盡大經》（中部38經）。

我們必須了解，一旦眼識滅去，便不可能再生起，成爲耳識或鼻識。耳識滅去，也不可能再生起，成爲鼻識或舌識，其他的心識也是一樣。若說有同一個心識在看，然後聽、嗅、嚐，就是邪見。

一旦發展出「我見」的錯誤認知，就會非常堅固執著，因此，我們必須下很大功夫才能除去這個邪見。我們若要看到心識的眞實本質，就必須把心分析清楚，以(1)分辨組成心流的各個心識刹那，(2)了解每個心識只能緣取一個目標，不能如我們以前想像地同時從事多重任務。能達到的唯一方法就是透過禪修，以定力爲基礎，培養觀智。

只要我們以定力及智慧覺察每一個心識刹那，就會明白心識如同雲朵掠過天空，並沒有持續的實體或本性，只有如實見到法，我們的知見才算正見，其中沒有什麼可稱爲恆常的「我」。

❶此指眼識會生起和消散，而當時印度社會對真我的定義是恆存不變的，不可能生起和消散，因此「眼是我」的假設是矛盾的，不能成立。

3 業報

業，指有向量的行動。向著牆壁擲球，球定會反彈回來，擲球是業，反彈回來打到你，是業果。業果發生需要一段時間。

一、業，依成熟時間

前面提到意門的每一速行心都會留下業力，根據受報的時間，可分四類：

1. 現生受業（**diṭṭhadhammavedanīya kamma**）
2. 次生受業（**upapajjavedanīya kamma**）
3. 無盡業（**aparāpariyavedanīya kamma**）
4. 無效業（**ahosi kamma**）

1. 現生受業

意門心路過程如同五門心路過程，包括七個速行心；每一個都是跑過同樣目標所生起的同類善心或不善心。第一個速行心最弱，因為前面沒有速行的重複作用的力量支撐，只能產現生業報（只要因緣具足）。若在該世沒有受報，即成為無效業。

佛世有一個花環商人的女兒，名叫末利迦（Mallikā），當她看到佛陀前來托缽時，即以極大的歡喜心將自己所有的食物供養世尊。因為這個善業，在同一天，她成為憍薩羅國（Kosala）的皇后①。這種業是在第一個速行產生，在現生即會受業，也就是在同一個名色的生命體中。

現生受業有許多例證，在這一生產生明顯的果報。不少慷慨好施的佛教徒告訴我，自從開始做慈善事業之後，生意越來越興旺，進帳比捐出去的還多。佛陀就說過，布施帶來財富。時常修行慈心禪的人會成為快樂的人，受到許多人的喜愛，容光煥發，入睡安樂，醒來安樂，無須藉助安眠藥。這就是現生受業的果報。

2. 次生受業

第七個或最後一個速行是次弱的，因為業力減退了。不過，由於前面六個速行重複作用的

①見《法句經．註釋書》。

力量支助，第七個速行會產生次生受業，如果因緣具足，業果會在下一世成熟，若在下一世沒有成熟，則成爲無效業。

在緬甸的帕奧禪林，一位禪修者追溯名色至上一世。他以觀智，見到他在上一世是一頭大象，曾以蓮花供養佛塔。在供養的那一刻，許多善的速行心在意門心路過程中接續生滅。億萬個善速行心中只有第七個速行能夠產生次生受業，令牠下一世在人道生起結生心，即目前的這一世。

3. 無盡業

第二個至第六個速行最強，這是由於前面速行的重複作用支撐，會產生無盡

圖 6：意門心路過程——每一速行心產生本身的業的潛力

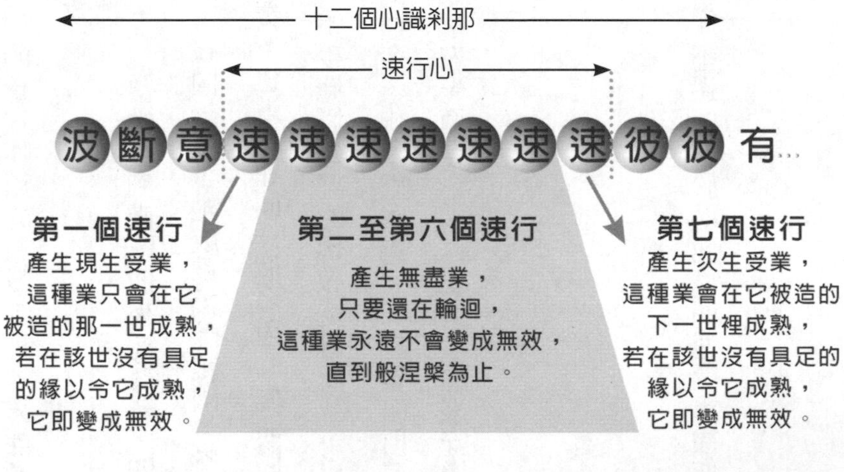
十二個心識刹那
速行心
波 斷 意 速 速 速 速 速 速 速 彼 彼 有…
第一個速行
產生現生受業，
這種業只會在它
被造的那一世成熟，
若在該世沒有具足
的緣以令它成熟，
它即變成無效。
第二至第六個速行
產生無盡業，
只要還在輪迴，
這種業永遠不會變成無效，
直到般涅槃為止。
第七個速行
產生次生受業，
這種業會在它被造的
下一世裡成熟，
若在該世沒有具足的
緣以令它成熟，
它即變成無效。

關鍵字：波 有分波動　斷 有分斷　意 意門轉向心
速 速行心　彼 彼所緣　有 有分心

業。只要因緣具足，它們就會在下一世以後的任何一世成熟，並將在未來世的結生那一刹那產生名色，無論業果成熟需要多久。只要這種業尚未成熟，就會一直存在名色相續流中，也就是說，只要還在輪迴，這種無盡業就不會變成無效業。即使佛陀或阿羅漢也不能免除承受無盡業的果報。唯有證入般涅槃（parinibbāna），從前速行心所造的業的潛力才會變成無效業。

例如目犍連尊者（Mahā Moggallāna），是佛陀的兩位上首弟子之一，神通第一。他過去的某一生中，曾狠狠地毆打他的盲眼父母致死。因爲這不善重業，他死後立即投生地獄，在地獄裡遭受數百萬年的痛苦。業盡而從地獄出來後，有二百世以上投生爲人，而每一世他都承受頭骨被打碎致死的果報。

在他的最後一生中，有人僱一群強盜欲襲擊他，來玷污佛陀的聲名。目犍連尊者多次以神通力逃逸，但是最後一次，由於他過去的不善業成熟了，當下失去了神通力，無法逃逸。強盜闖入禪寮，把他打倒在地，並且「猛敲他的骨頭直至碎如米粒」，然而他仍未氣絕。被打之後，他恢復了神通力，把身體重新組合起來，來到世尊面前，致上最後的敬意，請求佛陀允許他進入般涅槃。然後他利用神通力回到卡拉斯亞（Kālasia）進入般涅槃。只有進入般涅槃後，才能使先前所造的業變成無效業。不善業的果報多麼恐怖，令人觸目驚心！明白了這一點之

後，我們應該努力避免犯下任何惡業，免得造成難以忍受的痛苦果報。

另有一個故事，佛世有一個名叫迦丘帕喇（Cakkhupāla）的比丘，證得阿羅漢後，眼睛瞎了。人們請問佛陀，迦丘帕喇瞎眼是什麼緣故。世尊回答，在過去的一生中，迦丘帕喇比丘是一位醫生，一位婦人請求他恢復她的視力，並且答應一旦治癒，她和孩子願意委身當他的僕人。結果，他的醫療恢復了她的視力，但是這位婦人反悔了，不願履行承諾，撒謊說視力反而變糟了。他非常生氣，給了她一個「處方」，讓她瞎上一輩子。由於這個惡業，在許多世中，他都是瞎子，甚至最後一生，即使已證得阿羅漢②，他仍須承受瞎眼的果報。這就是第二個至第六個速行心所造的無盡業，在輪迴中不斷地呈現業果直至般涅槃為止。從這個故事看來，煩惱是自己最大的敵人，只要我們還有貪、瞋、癡，就還會造下不善業，並受到痛苦的果報。我們只有征服了煩惱，才算征服究竟的敵人。

我還想引用帕奧禪林一位女禪修者的眞實經驗。她觀緣起而達到緣攝受智，可從最近一生追溯到過去十四世。那時，她是一個勇敢無懼的男子，擔任軍隊的指揮官，這位指揮官殺人何

②見《法句經．註釋書》。

止千百，然而，許多年以後，他對無數的殺戮覺得非常厭惡。有一天，他經過一個村落，這位指揮官看到一群女人很快樂地摘花，充滿了喜悅，這件事讓他認爲當女人必定比當男人快樂得多，他因此有了想要變成女人的傾向。他過去雖很殘酷，卻是一個很孝順而且無微不至的兒子，總是照顧年邁的母親，他臨終前告訴妻子要繼續照顧母親，因爲這最後一念的善行，殺業便沒有機會成熟，相反地，他的善業先成熟，使他投生人道。死後，如願生爲一個快樂的村女。

你也許會問，他不是仍須償還殺業嗎？是的，他會的。當時她是個村女，愛上了一個窮小子，跟母親的願望相左，母親一直想把她嫁給一個富人，因此母親想盡辦法侮辱她，由於受到極端的污衊，這個年輕的村女懷著瞋恚自殺了。於是，任指揮官時的殺業感果了，縮短了她的生命③。

臨終時刻，她最後一念是不善的瞋心，過去殺人無數的業，由於因緣具足而產生了苦果。她在下一世墮入地獄，成爲地獄眾生，被無情的鐵棒毆打，「身體裂成碎片」，很長一段時間，她被折磨得非常痛苦。由於現生的禪修，她可看到自己必須痛苦地償還任指揮官時所造的殺業。歷經了這段最壞的果報，她下一世投生成豬，豬的命運無非等待被無情宰殺，如前世任指揮官的所作所爲，然而惡業仍在運作，她又投生爲鼠。同樣的業由於因緣具足，繼續產生各種苦果，這就稱為無盡業，由第二個至第六個速行心產生。

4. 無效業

如果現生受業和次生受業都沒有適時成熟受報，就成了無效業，但無盡業不會如此。

也許你會奇怪，只造作一次的行為，為何不是只產生一次的果報，而是多生累世的果報呢？這是因為造業時，會有數億個第二到第六速行心的重複和增強作用生滅。因此，要了解業如何形成，必先了知心如何運作。

誠如佛陀在《法句經》第1、2偈言：

諸法意先導，意主意造作。
若以染污意，或語或行業，
是則苦隨彼，如輪隨獸足。

③根據業的法則，當殺業成熟，會產生四惡趣的結生心。但如臨終時善業成熟，則會投生於善趣的人道，然而，殺生的不善業會令人早夭。

諸法意先導，意主意造作。
若以清淨意，或語或行業，
是則樂隨彼，如影不離形。

因為有各種善心和不善心，有情造下形形色色的業，也感受著各種果報。千萬不要輕忽惡行，僅僅造作一次不善行，都會在輪迴期間產生無數次的業果，因此必須承受長期的苦果。善行也一樣，造作一次便會產生無數次樂果。

在《法句經》中，佛陀言：「心樂於惡法。」正如水的本性是由高山往低處流一樣，缺乏訓練的心也會趨向於惡。我們要是不想承受痛苦的果報，就必須勤力防杜不善心所生起，並且培育較多的善心所。唯有能看到瞋恨、貪愛、嫉妒、傲慢、貪婪、自私、殘暴等不善心所的過患，並看到信心、慚愧、慷慨、慈愛、隨喜、悲心、安忍、包容、智慧等善心所的安穩，我們才會更加精進。

要知道，善心所不僅讓我們在未斷生死輪迴之前，能擁有自在快樂的生命，也可在與他人交流和協助他人時，給予信任感、安全感、受到保護的感覺，使世界更加美好。的確，這樣的美德必將為覺醒打下基礎。

二、四正勤

我們了解精進是戒行的先決條件。精進有四方面：

1.未生惡令不生
2.已生惡令斷滅
3.未生善令生起
4.已生善令增長

1.未生惡令不生

未生惡，包括一切未來可能造作的不善行：殺生、偷盜、邪淫、妄語、服用迷亂神智之物等等。我們可以藉著遵守五戒④，即嚴禁上述的五惡行，以及正念守護五根門來完成。因爲不善心念都與五根門對五塵的反應相關。

在《像烏龜那樣經》（相應部35：240經）中，世尊教導我們應該如何守護根門以防止煩惱

④五戒是不殺生、不偷盜、不邪淫、不妄語、不服用迷亂神智之物。

進入心中。某夜，烏龜沿著河岸找尋食物，同時，一隻豺狼也在那裡覓食。烏龜遠遠看到豺狼時，立即將四肢和脖子縮進龜殼，然後一動也不動，靜靜等待。同時，豺狼也見到烏龜，就慢慢地走近並緊靠著烏龜等待著，心想：「這隻烏龜要是伸出一肢或脖子，我就立刻攫住牠，把牠拉出龜殼吃掉。」但烏龜一直沒有伸出肢體或脖子，豺狼無法得逞，只好敗興離開。

上述故事中的豺狼猶如煩惱，隨時隨地伺機經由未守護的根門，攫取我們。我們要如何守護根門呢？我們可以隨時將心專注在禪修的業處上，或正念身心上發生的事。心專注在禪修業處時，五根門就會關閉，如烏龜將四肢縮進龜殼，擋住煩惱，這樣，所生起的，會是一系列善心，而非不善心，並將在名色相續流中，留下無數善的業力。

2. 已生惡令斷滅

若惡念已生，我們應生起精進來去除。世尊於《除妄念經》（中部20經）中教導五種消除已生惡念的方法如下：

1. 與貪、瞋、癡相應的不善心生起時，我們應該將注意力轉至相反的、與善法相應的對象。例如，每當對異性生起貪愛時，應觀想三十二身分的不淨或污穢（身不淨觀）來觀照對方身體的不淨。怎麼做呢？在《念處經》（中部10經）中，世尊教導我們檢視自腳底往上並從頭頂往下，被皮膚包起，充滿不淨物，如頭髮、體毛、指甲、牙齒、皮膚、肉、腱、骨、骨髓、腎、心臟、肝、膜、脾、肺、腸、間膜、胃中物、糞、腦、膽汁、痰、膿、血、汗、脂肪、淚、脂膏、唾、涕、關節滑液和尿。當我們專注觀照到那吸引我們的人的尿液，貪愛大概就消失了。觀另一人的三十二身分的目的就是，對生理屬性培養強烈的厭離，若同樣地觀自己的三十二身分，就能除去對自己身體的執著。

另一種除去愛染的方法是白骨觀。我在馬來西亞時，一位副部長是虔誠的佛教徒，前來請教心靈問題。他說去理髮時，迷人的理髮師經常穿著短裙，在他面前走動，他的心繞著欲念轉，但他不願打破道德與理髮師有邪淫，內心很糾結。我建議他修白骨觀，教他先觀人體骨架的圖像，然後心中保持對白骨的厭惡感，內心觀察：「厭惡，厭惡……」或「白骨、白骨……」要是經過長期精進，白骨觀建立起來，他應能對那理髮師投射白骨。我沒想到他會認眞看待我這番話！兩年後，我們又見面了，他非常喜悅，因爲他看到理髮師時，只見白骨四處走動，他可以享受理髮，卻不致有欲念。

白骨觀是古代比丘時常修習的。從前在斯里蘭卡，有一位名叫提舍（Tissa）的尊者，他慣常修習白骨觀。有一天外出托缽途中，聽到一個女人的笑聲，便循聲注視，當時他正修習白骨觀，只看到女人的一整排白牙。由於修行的習性力量，他馬上取其外在的白牙相，觀其白骨。接著，迅速地轉入自身，進行白骨觀，證到初禪。他從初禪進入觀禪，即證得阿羅漢道果。幾分鐘後，這個女人的丈夫隨後追來尋找妻子，並詢問尊者是否看見一位漂亮的女人經過？尊者答說，他看見剛走過的並非女人，而是一具白骨。如果提舍尊者當時並未修習白骨觀，很可能會對那女子充滿誘惑的笑聲生起欲念。

另外一個白骨觀的例子，是帕奧禪林的一位義大利禪修者告訴我的。有一天她去市場買東西，她站在那裡，繼續思惟對白骨的厭惡，她的白骨觀非常強大，只看到一具具白骨在街道上走路。聽起來也許不可思議，自己試一試就知道了！

要是心中對無生命的物品生起愛染，我們可以思惟這個物品的無常性，即使是浩瀚的海水有一天也會乾枯和消失，崇山峻嶺也會崩頹和消散，更不消說我們的家、車子、金錢、珠寶和衣物，比起來，這些物品只不過持續了短暫的一剎那。這樣我們便可除去對物品的的執著並減少占有欲。

對不喜歡的眾生生起瞋念時，可以用慈心取代瞋恨，希望眾生安好、快樂、平靜。

由於兩個心識剎那無法同時生起，所以只要內心專注於散播慈愛時，瞋心就沒有機會悄悄鑽進來。

對尚未掌控自心的人來說，向仇敵散播慈愛是很困難的，在慈心禪中，到後來還可能想賞仇敵一擊呢！如果慈心禪不奏效，還有其他方法可克服瞋恨。我們可以把仇敵分解爲三十二身分。怎麼做呢？當我們對某人生氣時，是氣他什麼？是氣他的頭髮嗎？還是骨頭、鼻涕？還是氣他的糞便？要不然，我們可以看身體是由四大元素所組成的：地、水、火、風，我們是氣他身體中的地界嗎？還是氣他的水界、火界或風界呢？又可以五蘊的究竟實相來看，是氣其中的色蘊、受蘊、想蘊、行蘊，還是識蘊呢？當我們如此以四大元素或五蘊的究竟實相來分析觀照時，而不是面對一個有情或一個人，就知瞋怒如空中作畫，實無立足之處。

更有甚者，我們可將困境視爲思惟無常的機會。在《大象跡譬喻經》（中部28經）中，舍利弗尊者教化我們，當受到虐待或辱罵時，要思惟無常。了知苦受由因緣而生，而非無因緣。是什麼緣呢？緣於耳觸。觸是因，苦受是果，彼此不過是因果關係，緣起者皆無常，當了知觸是無常，受也是無常，想亦無常，剎那間的瞋恨（行蘊）亦無常，識知辱罵聲音的心亦無常。如此思惟，就能轉化苦受爲穿透的智慧。此時，有關觀智的無數意門心路過程生起，在心流中留下強而有力的善業潛力。如用以上修習方法克服煩惱，我們會在修行的道路上，更能感到無比的喜悅、滿足和信心。

2. 人若依第一種方法，貪、瞋、癡的不善心念依然存在或生起時，佛陀教導我們應如是觀察隱藏在不善心念中的過患：「這些心念是不善的，該受譴責，根據業的定律，將會在無量劫中導致苦果。」例如生起瞋心時，我們應譴責自己：「生起瞋恨心，不是像用雙手去取熾熱的炭火或糞便，欲丟向他人，結果是先燒傷自己或弄臭自身。啊！豈不是個愚癡人嗎？」

3. 若這樣觀察之後，不善心念依然生起或存在，我們可試著忘掉這些不善心念，不去注意它們，正如一個人不想看到某些事物一樣，最好的方法是閉上眼睛，並轉移注意力至其他有益的事物上。

4. 若努力遺忘之後，不善心念依然生起，我們則應探究引起這些不善心念的原因。只要我們不斷地察究原因，不善心念之流將會緩和下來，終於停止。

5. 若探究原因之後，不善心念仍然生起，佛陀勸我們咬緊牙根、舌頂上顎，緊握雙拳，逼迫自己必定要以善念壓制不善念。

佛法的修行就是心理戰。我們主要的敵人就是自己的貪、瞋、癡。我們的任務是折服它們，不讓它們伸展成語業和身業，傷害到自己和他人。佛陀在《法句經》第42偈中曾說：

仇敵害仇敵，怨家對怨家，若心向邪行，惡業最爲大。

假如你能折服自己的貪欲、瞋恨、我慢、嫉妒、慳吝、憂惱、妄見及殘酷，那麼還有什麼人能加害於你呢？若在任何情況下，皆不動搖，便是心的眞正解脫。

3. 未生善令生起

人類有修習善心的無比潛力。尙未生起的善行應包括基本的照顧父母和長輩、持守五戒或八戒、布施、對他人散發愛和慈心等等。基本上，我們可以說生起正精進，包括生起從前未生起的八正道，簡說即戒、定、慧三學。如果行者還沒有開始修習三學，便應當激勵自己精勤修行，並了解修習三學的利益。

4. 已生善令增長

我們一旦開始精進修行戒、定、慧三學，便應該以極大堅忍心繼續勤修，直到戒行無瑕、定力穩固、觀智成熟。

我們知道，造作一個善行，待機緣成熟，便會在將來產生無數次的善果。我們有了正精進（四正勤），就如一位聰明的投資者，投資少許，卻獲得大筆的財富。一根玉米，好好栽種並照顧，終會長成一大片玉米田。所謂種瓜得瓜，當下嚴守身、語、意行，未來便充滿希望和幸福。

三、結論

經由這些分析，我們可了解善心和不善心如何運作，以及如何影響當生和無數的未來世。這些理解幫助我們揭開心和心所的奧祕，只要我們還在生死輪迴當中，心和心路過程便會不斷影響我們。

現在我們要來檢視第二種眞實法：心所法。

4 心所

一、心所與心同生，形成「名法」

第一個究竟眞實法「心」不能單獨生起，必須同時伴隨第二個究竟眞實法「心所」。兩者同生，一個必定伴隨另一個。根據緣起法（paṭṭhāna），這樣的關係稱爲相應緣（sampayutta paccayo）。

這兩個眞實法各自單獨運作，然而心被視爲是心所的前導，諸心所則協助心識知目標。這兩者合稱爲「名法」（nāma）。心與心所的關係猶如國王與大臣。國王絕不單獨外出，總有大臣陪同。大臣協助治理國家。雖然心是心所的前導，但心的特相純粹只是識知目標的過程，換句話說，它本身無所謂善或惡，必須依靠相應的心所才能成爲善惡。第一章中，我們根據心的根因，把心分爲善心和不善心，但既然心和心所同生，善心其實是指伴隨它的善心所，不善心和相應的不善心所也是如此。

心所可比做不同顏色的染料，心則如清水。若把黃染料放入清水，水就變得亮麗金黃；黑染料則令水漆黑無光，暗如炭渣。同樣地，心所影響心成爲光亮或蒙昧、善或不善、適業或不適業、慈悲或殘酷、美麗或醜惡。因此我們要養善避惡，必須研讀各種不同心所及其特相。

煩惱若以心所的形式生起，都是由於不如理作意，只要研讀並了解每一種心所的特相，我們便可透過正精進來止息煩惱。

換句話說，當美心所生起，如正念、智慧、精進、無瞋、悲心等等，如果我們能經由如理作意來辨認它們，便可學著如何培育它們而達到更高的境界。

二、心所四特相

在一個心識剎那中，心所與某個心俱起，執行各自特定的作用，並與心同時快速滅去。諸心所共有四個特相：

1. 與心同生（ekuppāda）。

2. 與心同滅（ekanirodha）。

3. 與心緣取同一目標（ekālambaṇa）。舉例來說，若眼識緣取色塵，那麼俱起的心所也一定緣取同樣的目標。

4. 與心擁有同一依處（ekavatthuka）。若眼識依眼根而起，心所必定也依眼根而生起。

三、五十二心所

阿毗達摩列出五十二心所，可分爲四大類：

1. 七遍一切心心所（sabbacittasādhāraṇa）

2. 六雜心所（pakiṇṇaka）

3. 十四不善心所（akusalacetasika）

4. 二十五美心所（sobhaṇacetasika）

四、七遍一切心心所

1. 觸（phassa）

觸，是因爲有碰觸，故稱爲觸。觸用心「碰觸」所識知的目標，啓動了整個心路過程，心、色塵和相應的淨色撞擊，三者和合稱爲觸。觸，主要是心所，而不是身體的接觸。例如看到他人吃鳳梨，口中會不斷生出唾液，好像實際吃了一樣，雖然舌根並沒有與鳳梨接觸。

2.受（vedanā）

受，體驗目標的可喜或不可喜之「味」。體驗可喜目標的感受稱爲樂受（sukha-vedanā），體驗不可喜目標的感受稱爲苦受（dukkha-vedanā），有一些目標的感受是中捨的，沒有明顯的好與壞，體驗這種目標的感受稱爲捨受（upekkhā-vedanā）。因此，除了受心所在體驗可喜目標或不可喜目標之外，並沒有一個「我」或一個人在感受，而是感受本身在「感受」目標的可喜或不可喜。

3.想（saññā）

想，領納目標的品質，並對其品質作個印記，以便再次感知相同目標時能夠知道「這是一樣的」，或是認出以前已感知過的目標。例如某人第一次看到小鳥，作了「小鳥是有翅膀且在空中飛翔」的印記。所以，翅膀和飛翔就成爲他再次看到小鳥時，能認出是小鳥的條件。有時候，想心所也會以妄爲眞，稱爲「顛倒想」（saññā vipallāsa）。眾生把一切生起的法都標誌爲恆常、快樂、有一個我。一旦諸行的顛倒想深植於心，將很難再行導正。因此，想心所成爲生死輪迴持續的要素之一。

4. 思（cetanā）

思，施加意志或意欲，因此會累積業力，佛陀解釋為何對思的五十個心行賦予最關鍵的任務：

> 諸比丘，我說思是業。由於其意欲，人們通過身、語、意而造業。

思心所把行為加上道德的品質，出發點是善或不善，能帶來樂果或苦果。思也組織或敦促各相應心所對目標採取行動。例如：當心認知某一目標時，相應的思心所就會促使觸心所執行作用，導致目標撞擊心；促使想心所對目標作印記；促使受心所體驗或享受目標的覺受；它也指揮其他的相應心所徹底執行各自對目標的任務。除了思心所，沒有其他心所具有這種指揮力量，促使心和心所一同對目標作用。

因此，思心所具有雙重任務。首先，它執行自己造業的作用（任何與善心或不善心俱生時），其次，也促使相應心所執行各自的任務，有如一位大將軍，不單自己作戰，也率領士兵作戰。而且，如果思心所軟弱，所造之業也軟弱；相反地，如果思心所強而有力，則所造之業也很強大。正如莎瑪瓦蒂（Sāmāvatī）及瑪加蒂雅（Māgandiyā）的例子，說明了前一生很強的思，如何在另一世生起相應的業果。

莎瑪瓦蒂是烏提那（Udena）王的諸王妃之一，是虔誠的佛弟子，並已證得須陀洹果。她擁有極強的慈愛力量，能夠散播慈悲心給一切眾生。在佛陀所有優婆夷中，慈心第一。

瑪加蒂雅是烏提那王的另一個王妃，她懷恨佛陀，又嫉妒莎瑪瓦蒂身爲佛陀的虔誠弟子，因爲瞋恨，起了殺心。於是，她縱火燒毀莎瑪瓦蒂的宮殿，假造爲一場意外。所有後宮都被夷爲平地，居住其中的女眷，包括莎瑪瓦蒂在內，都被燒死了。

有人問，爲何如此慈心而虔誠的佛弟子會遭受這樣可怕的不測？佛陀開示：因爲她在好多世以前曾造下重大惡業。莎瑪瓦蒂當時是波羅捺（Benares）皇后，有一天她跟侍女在河邊沐浴出來，感到很冷，便要求侍女燒灌木叢來取暖。侍女把火點燃之後，才發覺在樹叢深處正坐著一位辟支佛，她們不知道他並沒有被燒死，當時他正進入滅盡定的甚深禪定，可以保護他不被燒死。因爲這是無意的錯誤，所以並沒有形成不善業。

但是，她和侍女並不知道辟支佛因爲不可穿透禪定功德，不會受傷害，害怕國王會譴責她們點火不加小心。她們爲了湮滅證據，放了更多的乾草在辟支佛四周，再用油澆淋，然後點火燒死他。這一次縱火是有意的，過程中造了很多業，許多的不善速行心在她們的心流中生起，也留下未來感苦果的業力。

每一位阿羅漢進入滅盡定時，是不會受到傷害的。然而莎瑪瓦蒂生起惡念意圖謀害，是必須承受果報的。於是過去業在此生成熟，產生果報。

證得涅槃之前，沒有人可以逃過不善業成熟的果報。瑪加蒂雅被發現是縱火殺人的首犯之後，她也必須承受殺害莎瑪瓦蒂等人的果報。烏提那王是個暴君，想出一個計謀，來構陷她入罪。他相當震怒地將瑪加蒂雅及她的族人從犯施以刑罰並處死，這酷刑只是未來世會遭受的果報的前兆。他們被處以火刑示眾，骨灰被犁至泥土中，全部消滅殆盡。

至此，她加諸別人的惡行全數回到自身。因爲果報在同一生便成熟，這是現生受業。她不僅在極大的痛苦中死去，還投生於地獄，承受不善業所帶來的更大折磨，這就是下一世必須承受的次生受業。另有無數由第二個至第六個速行心所產生的無盡業速行心可能仍潛藏在她的心流中，等待因緣成熟，會嘗到更多苦果。

所以思心所就是業。人生起意志之後，經由身、語、意造業，因此，當思心所強而有力，業力就強大，無論善或不善，只要業力強，果報就重。

5. 一境性（ekaggatā）

一境性，將心與目標置於一處並結合。一境性心所可令心長時間專注於目標。當一境性顯著時，便得定，一境性是五禪都具備的禪支之一，與散亂相反。它被視為心的穩定，就像沒有風時，油燈火焰的穩定一樣。一境性伴隨一切心，但品質會隨俱生之心而有差異。一境性與不善心一同生起時，稱為「邪定」（miccha-samādhi），與善心一同生起時，稱為「正定」（sammā-samādhi）。雖然兩者都是一境性心所，但品質不同。定有許多不同層次，如：近行定、安止定裡的初禪、第二禪等等。

6. 名法命根（jīvitindriya）

名法命根，在每一心識刹那中維持相應名法的生命力。否則，名法在還沒有完成執取或識知目標前，就滅去了。名法靠命根維持生命，就像蓮花靠水維持生命。因此，名法由於命根而能積極執行作用。

7. 作意（manasikāra）

作意，令心注意並轉向目標。由於作意的力量，目標得以不斷呈現於心。

七遍一切心心所和一切心俱起，無論善心、不善心、果報心或唯作心，沒有它們，心就根本不可能識知目標。

五、六雜心所

1. 尋（vitakka）

尋心所將心投向或安置在目標上。

2. 伺（vicāra）

伺心所一再將心安置於目標。尋心所將心投向目標之後，伺心所讓心停留在目標一段時間。

3. 勝解（adhimokkha）

勝解的特相是確定、心不動搖、堅定決意「思心所」要遵循什麼道路。無論是行善，如布施、持戒、聞法等等，或是作惡，如妄語、邪淫、綺語等等。由於它對目標具有不可動搖的決心，常被比喻爲石柱。

4. 精進（vīriya）

精進是指人處於有活力的狀態。它的特相是努力、支持或集合力量。正如一間傾頹的老房子，加上幾支新柱子支撐，就不致坍塌。用功的禪修者也以精進來防止懈怠。精進心所不允許相應名法衰減或撤退，它會提舉名法，使不致倒塌。它的近因是透過憶念生、老、死而生起的逼迫感。一旦有了精進，將是所有成就的根因。

5. 喜（pīti）

喜是對目標產生樂趣，因此心感到滿意和喜悅，它令相應名法清新。比如一位疲憊的沙漠旅者看到可飲用的水，他必定會感到欣喜。喜的作用就是令歡喜遍布或振奮全身。當禪修者進入深定時，感覺身體的輕安，猶如漂浮在空中，這就是喜心所的現起。

6. 欲（chanda）

欲是傾向或想要進行某件事或獲取某些成就，可以是善或不善，這和貪心所（lobha）不同，貪是不善的。當一位修行人想要證得涅槃，想要成為如舍利弗那樣的上首弟子，想要成為佛陀、國王、富人、天神、比丘或隱士，想要布施、持戒、行善等等，這些希願都是屬於欲的現起。當欲心所發揮到極致時，就成為四神足之一（iddhipāda）。

有一個例子發生於佛世，德叉尸羅（Takkasilā）的帕庫薩提（Pakkusāti）國王因為極欲證得涅槃，就放棄國土，穿上袈裟，雲遊四方，找尋佛陀。另一個例子是佛法傳到西方，當西方人發現佛法的珍貴，許多人培育出強烈的修行欲，他們自行禪修，或加入禪修中心，如果欲夠強，甚至出家，進入亞洲、歐洲或美洲的叢林道場。

這六個雜心所僅與某些特定心同時生起，所以它們不是遍一切心心所。例如尋與伺因為粗顯，並不生起於第三禪及其以上的禪那。勝解不會與疑心俱生，因爲當心識被疑惑障蔽時，是無法下決心的。喜不會在第四禪及其以上禪那生起，因爲它具有的情感特質。欲不會與癡根心俱起，在此，欲是指想要行動，想要獲取某個目的，但兩種癡根心是濃暗的，不會生起有目的的行動。

以上的七遍一切心心所與六雜心所，總稱爲通一切心所（aññasamanā-cetasika），它們根據與之相應的心而成爲善或不善。在善心裡它們即是善；在不善心裡它們即是不善；在果報心裡它們即是果報心所；在唯作心裡它們即是唯作心所。

六、十四不善心所

這十四不善心所可分爲四通一切不善心心所和十不善雜心所。

1. 四通一切不善心心所

1. 癡（moha）

癡的特相是心盲目或無智，作用是覆蔽目標的眞實本質，現起是心昏暗，覆蔽四聖諦。若無法分辨目標是善或不善，是癡心所的一種粗顯形式。

2. 無慚（ahirika）

無慚是不厭惡身、語惡行，如豬吃糞便，並不覺噁心。人若有癡，行不善法也無慚。癡心所生起時，或會導向無慚。當剎那的癡導致無慚，甚至智者也會行不善法。

3. 無愧（anottappa）

無愧是不害怕爲惡的後果，就如飛蛾撲火般，無懼於死亡。道德上無愧的人會撲向惡行，爲這一世和未來世帶來痛苦的果報。

4. 掉舉（uddhacca）

掉舉有不平靜的特相或令心不安定，猶如風吹皺一池春水。掉舉使心散亂，無法安止於一個目標上，猶如塵堆被石頭擊中而四處飛揚。

這四通一切不善心心所必定會與全部十二個不善心同時生起，即每一個不善心必會伴隨：

(1)盲目無知於惡行的過患（癡心所），

(2)無慚於惡行（無慚心所），

(3)無懼於作惡的果報（無愧心所），

(4)潛藏的散亂之流（掉舉心所）。

2. 十不善雜心所

1. 貪（lobha）

貪是心對目標產生貪欲和執取，而不肯放棄目標。它的作用就是黏著目標，如肉黏著熱鍋。近因是認爲色、聲、香、味、觸等導致束縛的法有樂味。

貪愛和執著的本質，可以用一個猴子陷阱來比喻：捕猴人在椰子上開一個洞，大小只夠猴子伸手進去，然後放進食物當誘餌，用繩子掛在樹上。雖然椰子上的洞可讓猴子張開手伸進去，但握著拳是抽不出來的。猴子聞香而來，伸手進洞，抓住食物後就困住了，如果放下食物，馬上便得解脫，但因爲貪心，牠就是不肯張開手。結果，捕猴人便輕易捕獲猴子。猴子只要放掉就沒事了。同樣地，有情眾生由於渴愛和執著，困在生死輪迴之中。

2. 邪見（diṭṭhi）

邪見的特相是不明智地解析事物，屬於貪根心。現起是錯誤的信仰。邪見使人相信自我及他人在究竟意義上是眞實存在；相信有創世主，其實並沒有；相信萬事萬物永存或死後一切皆消滅。邪見是不善法中最大的元兇。

3. 慢（māna）

慢的特相是驕傲，屬於貪根心。錯誤地認爲名色法爲「我」，並牢牢抓住這個我，且根據階級、家境、教育、出身等等，產生我超人一等、我與他人相等、我不如人的慢心。要是一個人自認比他人優越或與他人相等，很容易生起慢心。然而，一個人若自認不如人，又如何能生起傲慢呢？他是這樣想的：「我獨立自足，何必要尊敬他人呢？」慢心所好比發瘋。

4. 瞋（dosa）

瞋心所包括一切反感、怨恨、煩躁、惱怒及生氣。它是心對目標產生殘暴的心，且是傷害自己及他人的毀滅性因素。

5. 嫉妒（issā）

嫉妒心所是嫉羨他人現有的成就，現起是無法欣賞他人的成功或成就。只要他人的容貌、教育、財富或名聲等等比自己優越時，嫉妒就容易生起。屬於瞋根心。

6. 慳（macchariya）

慳心所就是隱藏自己的成就或財富，作用是不能與他人分享，也意味希望他人什麼也得不到。屬於瞋根心。

7. 惡作或追悔（kukkucca）

追悔有兩種，即追悔已造之惡或追悔當行未行之善。已造之惡例如殺生、偷盜、邪淫、妄語或惡口、服用迷亂神智之物；當行未行之善如未曾持戒、有能力時未曾布施、父母在世時未及孝順等等。無論多麼後悔先前所造下的惡行，都無助於改善自身的處境，也無法避開苦果。因此，追悔就是心受奴役，屬於瞋根心。若讓心深陷於追悔中，不善心會不斷生起。並且會導致臨終時，再度浮現於心流中，如末利迦（Mallikā）王后發生的情形一樣。

末利迦王后是佛陀的無上布施者，她不斷憶起一件她對丈夫做過的不貞惡行，臨終時出現這個記憶，因而導致她投生地獄七天，這是次生受業，由第七個速行心產生。國王對她的過世感到悲傷，前往請謁佛陀，問她的投生之處。佛陀既不願說出實情，又由於是聖者而不說謊，於是用神通力讓他七天忘了問這回事。然而，由於末利迦王后這個不善業不是很嚴重，七天後，由於她過去善業成熟了，所以她能脫離地獄，投生天界①。這時佛陀才把好消息告訴國王。

①見《法句經·註釋書》。

克服追悔的正確方法是，首先就是別作惡，要不然就是造作惡行之後，堅定決意不再犯。如果惡業不太嚴重，會因爲後來的持戒而減少惡果，誠如鴦崛摩羅（Aṅgulimāla）②的故事一樣。由於他前一個嫉妒薰心的心靈老師的無理要求，鴦崛摩羅已經殺了九百九十九個無辜的人。佛陀悲憫這個誤入歧途的人，看到他有很大的潛力可證得解脫，眼看就要白費，因爲馬上要犯下滔天大罪——五逆罪，故前去拯救他。鴦崛摩羅在瀕臨毀滅前，還算是累積了許多功德，經過世尊的教化，他明白了自己的過失，立即放下屠刀出家，成爲比丘。他決意學習自制力和非暴力，從此，即使被憤怒的受害者家屬侮辱或攻擊，也絕不再傷害任何人。

他精進修行，並約束追悔，終於證得阿羅漢道智和果智。就在這一生，他終結了生死輪迴，故得以躲過未來世無法想像的苦果。也因爲他的阿羅漢道智，次生受業和無盡業已成了無效業。但是，他仍必須面對成熟的現生受業。所以，當他外出乞食時，經常遭受人們以竹棍和石頭攻擊至頭破血流，空缽而返。佛陀鼓勵他要安忍承受，提醒他這是他之前殺生作惡的餘報。

懊悔當行未行之善，誠屬不智，因爲彌補永遠不會太遲。現在就做！追悔無益於事，只會加重我們的惡業，不加節制的惡作追悔是修行很大的障礙，使修道無法進步。

8. 昏沉（thīna）

這是心軟弱無力的狀態。昏沉是面對目標時，心是軟弱或沉重的。它的特相是缺乏精進，而作用是移除精進。

9. 睡眠（middha）

這是心所沉滯的狀態。睡眠的特相是不適業的，現起是怠惰或睏倦。

10. 疑（vicikicchā）

疑心所就是困惑且不果斷的心，不相信應該相信的正法，如戒、定、慧三學，或佛、法、僧三寶。

十不善雜心所伴隨相關的心而生起，但並非伴隨所有心生起。例如邪見和慢只與貪根心相應，因為它們執著五蘊為「我」。然而，邪見和慢不能在同一個心識剎那裡同時生起，因為兩者有相反的特相，當你自估財富、社會地位與容貌比別人優越時，而生起慢；邪見誤以為有永存的「我」，其實並沒有。

②同上。

嫉妒、慳和惡作只與瞋根心相應。但因為它們呈現不同的特相並緣取不同的目標，所以只能在不同的心路過程中生起：嫉妒是厭惡他人的成功；慳是鄙視他人，不願與他人分享自己的財物；惡作是追悔已造之惡或當行未行之善。疑只與癡根心相應。

這四通一切不善心心所和十不善雜心所構成十四不善心所會污染心識。為數雖然很少❶，但是經常在無聞凡夫（puthujjana）的心中生起。在巴利文中，凡夫的意思是造作很多惡行者（puthu kilese janetīti, puthujjano），未經訓練的心會生起許多煩惱，打開報紙就可以獲得證實。報上有關感官享樂、性侵、強暴、犯罪、詐欺、戰爭、暴力等等新聞經常搶占頭條版面；人們仁愛、慈悲、助人、行善不欲人知，有多常見？人們持戒、專注和具有正念的頭條新聞有多少？這些主題太罕見，我們簡直要相信善法不存在了。

在日常生活中，假如我們仔細檢視時間是如何虛擲，會發現我們經常耽溺於感官欲樂中。多數人離不開電視、收音機、性關係、音樂、美酒等等感官刺激，甚至讓人頭痛的殘酷粗俗的變態行為。

可喜的色、聲、香、味、觸會生起貪根心，更有甚者，會遺留在心流中，成為心的習性，過分耽溺其中，使人形成今生與來世貪愛和充滿欲望的性格。有些人遇到欲望及自私的動機無法滿足時，就會大發雷霆並產生暴力行爲。當這樣的瞋怒注入語行和身行時，又會造作說謊、誹謗、邪淫、偷盜、殺生等等的惡業，造成他人的痛苦也不會憐憫慈悲。如此一來，人們就不斷攪在貪、瞋、癡的漩渦中，爲自己及他人帶來痛苦。

爲了不讓不善心所支配我們的生命，我們應該要培育更多的美心所。美心所共有二十五個，雖然數目較多，但在無聞凡夫心中生起較少。透過學習阿毗達摩，我們可提高覺知，加上正精進，便可增進生起的頻率，不但增進自己的幸福，也使世界成爲更愉悅的居住處所。

七、二十五美心所

可分爲四組：

1. 十九通一切美心心所

2. 三離心所

3. 二無量心所

---

❶比較起來，美心所有二十五個。

1. 十九通一切美心心所

1. 信（saddhā）

信心所是可驗證的，對善的、有利益的一切具有信心，也是相信當信之事，例如有業有報、三學、三寶等。信有如雙手，沒有雙手的人就算進入寶山，也會空手而返。同理，一個沒有信心的人，就算進入佛法的殿堂，也無法領悟佛法的精髓。信心可以淨化疑，就如水清珠，丟入濁水中，雜質和殘渣便沉澱下來，水色澄澈。同樣地，信心生起，便可排除五蓋，去除不淨，使心淨化，不易擾動。

信的近因是聽聞正法，是成就須陀洹所必需的心所。

2. 念（sati）

念就是與目標面對面，目標時時現在眼前。特相是沉入目標，念念分明而不流失，好像把石頭和南瓜丟入水中，石頭沉入水底，南瓜隨波流失，在禪修中可以清楚體驗到。在修習入出息念時，正念能令心保持並深深沉入呼吸，於是得定。念也對善行保持覺知，不忘失布施、持戒、修習止觀、聽聞正法等等。

念是純粹的善心所，不像邪定或邪見一樣有所謂「邪念」。可以比喻為守門員守護著六根，不讓煩惱侵入。念根在五根❷中很獨特，雖然在五根中，需要經常以慧根平衡信根，以進根平衡定根，但念根是不可能過多的。所有的情況都需要念：它保護心不會因為太用力精進而掉舉，也不會因過度專注而昏沉。因為在任何情況下都必須具有正念，如食物必須用鹽調味，鹽在所有醬料中都是必要的一味。念心所保護目標不忘失，也防止禪修者的心跑到其他目標上。

3. 慚（hiri）

慚的特相是對身惡行及語惡行感到厭惡。在慎思個人的出身、名望、教育、社會地位及年齡之後，一個人會羞於作惡。例如一個良好家庭出身的人會如此想：「我來自有教養的家庭，不宜偷盜、妄語或惡口。」知名人士會如此想：「我受人敬重。如果我造作如性侵、誹謗或公開飲酒等等惡行，人們將不再敬重我，我也不再敬重自己了。」人們會因為尊重自己而遠離惡

❷五根是信根、進根、念根、定根、慧根。

行。人們有慚心會退避諸惡，如鳥類會退避火焰。慚的近因是尊重自己。

4. 愧（ottappa）

愧的特相是害怕作惡。考量惡行帶來的苦果，如自責、他人指責、法律制裁、墮四惡道的痛苦等等之後，會害怕或畏懼作惡。行者將如何考量呢？他會如此想：「如果我作惡，父母和師長會指責我，我也可能遭到牢獄之災。」因此，他遠離諸惡。愧的近因是尊重他人。

有一個譬喻可以說明對惡行的慚與愧：有一支鐵棒，一端是火燙的，另一端是塗有糞便的。一個人是不會去觸碰有糞便的一端，因爲感覺很噁心，相對的，他也不會去觸摸火燙的一端，因爲害怕燙傷。前者是指慚，後者是指愧。這是對惡行的慚愧。這兩種心所因爲能阻止造惡，應視爲「世間的守護者」。假如人類能好好地培養這兩個美心所，則居住的世間將會更美好、更和諧。慚與愧包含在須陀洹果擁有的七聖財③中。

5. 無貪（alobha）

無貪的特相是不貪求、不執著目標，就如水珠不黏著荷葉，或如人跌入污穢之地，並不戀棧其中，心也不黏著或執取。無貪包含布施和捨離等正面積極的行爲。布施財物，便可減少對財物的執著。能夠捨離財產、家庭及五欲之樂，並獨處修行，就是無貪的捨離本質。

6. 無瞋（adosa）

無瞋的特相是如好朋友般不粗暴。現起是可喜可愛，猶如人人喜愛明亮的滿月。正面品質包括寬恕和慈愛。提舍（Tissa）長老七歲弟子的故事展現了無瞋之美。

提舍長老剃度了一位侍者，一個七歲大的小沙彌。長老教他觀照三十二身分的不淨，他修習得很有成果。有一次剃刀碰到頭髮時，這個男孩證悟了阿羅漢果。在某一次的旅途中，小沙彌不得已必須與他的師父共眠一室，他留意到不應讓師父犯了與弟子共眠的戒律，所以就徹夜禪坐，接著長老也注意到相同的戒律，就對他丟扇子欲將他趕出房間。不料，扇柄正中他的眼睛，使他瞎了眼。小沙彌爲了免除師父的追悔心，沒有將實情告知長老，並以一隻手遮住受傷的眼睛，繼續忠誠地服侍他的師父。稍後不久，長老發現眞相並感到深深地後悔。他向這個七歲的小沙彌鞠躬懺悔請求寬恕。小沙彌安慰他說：「這件事你我都不應受到譴責，唯一要譴責的是輪迴。」只要有報身、報心，過去的不善業就會現形。

長老以極度的懊悔心向佛陀敘述整個情形：小沙彌如何不怨恨也不生氣，而且不斷安慰

③七聖財是指信、戒、慚、愧、多聞、布施、慧。

他。佛陀便說：

諸比丘！徹底斷除染污的人不憤怒也不仇恨。相反地，他們的覺知和思惟是平靜的。

7. 中捨性（tatramajjhattatā）

中捨性是平衡、無執、平等的心態。特相是保持心與心所不偏不倚，捨是以平等觀待，如駕車者觀看著馬平等地在道路上前進。中捨性可以修行成爲「捨無量心」，這是四無量心之一。對眾生修成捨無量心是深刻明白諸有情繼承己身所造之業。捨無量心不同於漠不關心，漠不關心是無感於眾生的痛苦。

接下來的十二個美心所共分成六對，每一對中的第一個是指心所，另一個則是指心。

8. 身輕安（kāyapassaddhi）

9. 心輕安（cittapassaddhi）

兩者保持心與心所的沉靜，使其冷靜沉著。它們對抗因掉舉和惡作而導致的煩躁和動亂。

10. 身輕快性（kāyalahutā）

11. 心輕快性（cittalahutā）

兩者除去心與心所因昏沉和睡眠而導致的沉重。

12. 身柔軟性（kāyamudutā）

13. 心柔軟性（cittamudutā）

兩者對治心與心所因邪見或我慢而導致的僵硬。

14. 身適業性（kāyakammaññatā）

15. 心適業性（cittakammaññatā）

兩者是心與心所的適應力，堪能執行有益的行動。就如加熱的黃金，適於塑造爲任何用途。

16. 身練達性（kāyapāguññatā）

17. 心練達性（cittapāguññatā）

兩者是心與心所的熟練與健全，對治過多貪欲和信心不足所造成的心不健全。

18. 身正直性（kāyujukatā）

19. 心正直性（cittujukatā）

兩者保持心的端正與率直，對治不正直、狡詐及虛僞。

這十九通一切美心心所與一切善心相應。例如我們在布施、持戒、孝敬父母或師長、聞法或講經說法、禪修的時候，這些心所就會生起。

2.三離心所

1.正語（sammā-vācā）

正語是不造作四種語惡行：妄語、兩舌、惡口、綺語，也不指使他人造作。

2.正業（sammā-kammanta）

正業就是不造作三種身惡行：殺生、偷盜、邪淫，也不指使他人造作。

3.正命（sammā-ājīva）

正命就是不從事五種邪交易：販賣毒品、麻醉品、武器、奴隸、供屠宰的動物，也不指使他人造作。（經由前述的四種語惡行或三種身惡行而取得財物，也算是邪命。）

三離心所並不會同時俱起，而是在行者刻意克制不犯時，分別生起。例如有人習於口出惡言，但因為慚愧心，而克制不說，那時，三離心所中只有正語會生起。正業也一樣，當一個人有機會與有夫之婦行邪淫時，克制不前，那時，三離心所中只有正業會生起。

3.二無量心所

1.悲（karuṇā）

悲的特相是欲拔除或減輕他人的痛苦，被定義為「看到他人的痛苦，讓善者的心震撼顫抖」。

悲心生起時，我們會付諸行動盡力幫助人們解除痛苦。如果做不到，卻也不會感到悲傷，因為我們了解每位眾生都是自造之業的擁有者，也是繼承者。

正是因為這種大悲心，欲救度眾生免於沉淪於生死輪迴的大海，在四阿僧祇劫（asanikheyya）及十萬大劫（aeons）前，隱者須彌陀（Sumedha——佛陀的前世）毅然捨棄在那一世證得阿羅漢道果的機會，接著勇猛精進修行四阿僧祇劫及十萬大劫後，終於成就正等正覺的佛陀，為眾生開示正覺之道。

2.喜（muditā）

喜是對於他人的成功、成就和榮景感到開心或歡喜。對於他人的成就給予真心誠摯的祝福：「願此人永遠擁有這份幸福！」

以上二種心所被稱為無量心所，因為它們能夠沒有限制地向一切方向散發，以一切有情作爲對象。另外二個梵住（brahma vihāra），慈（mettā）與捨（upekkhā）則分別被歸入無瞋心所與中捨性心所中。悲與喜不會同時俱起，因爲它們各自緣取不同的目標：悲緣取眾生的苦難，而喜緣取眾生的成就。

4. 一無癡心所

無癡心所又稱慧根（paññindriya），特相是能透徹地如實知見諸法無常、苦、無我的本質，去除無明，徹見四聖諦；現起是不迷惑，如森林中的嚮導。無論要了解業報法則，以及證得禪那、道心和果心，都必須具有智慧。無癡心所也稱爲：慧（paññā）、智（vijjā）、正見（sammādiṭṭhi）。

慧有三種：⑴透過思惟的思慧（cintā-mayā-paññā）；⑵透過聞法的聞慧（suta-mayā-paññā）；⑶透過禪修的修慧（bhāvanā-mayā-paññā）。透過禪修培育的「觀慧」，則能徹底體驗究竟名色法的無常、苦、無我及其因緣，甚至在此地此時證得涅槃。

培育了智慧之後，我們會知道在究竟諦中何者爲眞，何者爲不眞，只要尚未證得道和果，我們的心多少都受邪見染污。慧的近因是定，因爲佛陀在《定經》（相應部22：5經）中說：

擁有定力者，能如實知見諸法的真實本質。

以上五十二個心所並不會全體同時生起，只會伴隨相應的心生起。

八、心所釋疑

諸心所總是伴隨相應的心生起，協助心在整個認知過程中完成比較特定的作用。以進食爲例，在吃喝過程中，心怎樣運作？心所又如何協助心呢？

1. 心所如何在進食的過程中運作

食物或飲料接觸舌淨色的一刻，舌門心路過程展開，舌識生起，便能識知味道。對味道的純粹識知是舌識的特相。意門心路過程接著展開，繼續領會味道的心像。

七個遍一切心心所接著運作：⑴**觸**心所使味道「碰觸」舌淨色，舌識便識知味道。若沒有觸，心不可能識知目標。⑵**受**心所體驗味道，享受味道的可喜之處。除了受心所之外，沒有一個個人、眾生或自我在體驗味道。⑶**想**心所執行對味道的標示，以便再次體驗相同味道時，能夠知道「這是某種的甜味，這是某種的酸味」等等。⑷**思**心所對味道採取行動，如果喜愛那味道，就造作貪根心的業，也指揮並促使所有相應心所對那個味道採取行動。⑸**一境性**心所執行統合所有的心所專注於那個味道。⑹**名法命根**心所維持一切相應名法的生命力，讓它們具有活力和耐力，直到它們完成工作。⑺最後，**作意**心所指引相應的心轉向那個味道。簡言之，這就是七個遍一切心心所如何在識知過程中協助心識知目標。

六個雜心所也協助心識知那個味道：⑴**尋**心所將相應心所投向那個味道。⑵**伺**心所是不斷地省察那個味道並將相應心所安置於那個味道上。⑶**勝解**心所下決定：「這甜味很好」等等。⑷**精進**心所支持所有相應心所不退減，特別是幫助貪心所生起。⑸**喜**心所是保持心對那個味道歡喜的興趣。⑹**欲**心所是想要得到那個味道，或令對味道的貪（此處的貪不是指貪愛）生起。

繼這十三個心所之後，**四個通一切不善心心所**接著伴隨每一個不善心生起：⑴**癡**心所矇蔽那個味道的眞實本質，以及無常、不淨。⑵**無慚**心所是享受那個美味時，不會因爲貪根心生起而感到羞恥。⑶**無愧**心所是享受那個美味時，不害怕生起貪根心所帶來的後果。⑷**掉舉**心所是享受那個美味時，令心散亂而且不平靜。

之後，還有**兩個**貪根心相應的**不善雜心所**：⑴**貪**心所持續享受那個味道，執著那個味道，不願捨棄。⑵**邪見**心所誤認味道是常。

2. 貪根速行心的十九相應心所

享受美食的過程中，總共生起相應於一個貪根心的十九心所，這個過程在舌門心路過程和許多意門心路過程的速行心階段。當更多的意門心路過程過去，貪心便獲得更多力量，我們知道，一再重複的不善速行時分，會造作並加強不善業。在吃、見、聞、嗅、感覺當中，我們逐漸成爲貪愛的奴隸，變成一個有貪愛根性的人。

總之，十九心所與一個貪根心同時俱生，在舌門心路過程和意門心路過程的速行心連續生起七次（見圖7）。

圖 7：意門心路過程——以進食為例

關鍵字：波　有分波動　　斷　有分斷　　意　意門轉向心
速　速行心　　彼　彼所緣

十九個心所是：

1.觸	2.受	3.想	4.思	5.一境性	6.名法命根	7.作意
8.尋	9.伺	10.勝解	11.精進	12.喜	13.欲	
14.癡	15.無慚	16.無愧	17.掉舉			
18.貪	19.邪見					

3. 瞋根速行心的十七相應心所

然而，有時候我們吃不到想吃的食物，由於欲望得不到滿足，便生起煩亂。這時，瞋根心，無行，與十七心所相應，在舌門心路過程和意門心路過程的速行心連續生起七次。

十七個心所是：

1.觸	2.受	3.想	4.思	5.一境性	6.名法命根	7.作意
8.尋	9.伺	10.勝解	11.精進	12.欲		
13.癡	14.無慚	15.無愧	16.掉舉			
17.瞋						

如果那類不善心是有行，便會現起昏沉和睡眠心所。邪見和喜心所不會現起，邪見是貪根，憤怒的人沒有喜。如過果嫉妒別人的成功，無行，便會生起十八心所，在上表還加一個嫉妒心所。有時我們會追悔已做之事，便會生起十八心所，嫉妒爲惡作及追悔取代。這些不善心所生起時，我們若認識了它們及其過患，便有助於轉化它們，並從它們的掌握中解脫。

4. 修行正念正知（sati-sampajañña）

欲避免六塵撞擊六根門生起的同樣的貪、瞋模式，我們必須修行正念正知。

再舉吃東西爲例，我們可以選擇對我們所吃的四界保持正念。咀嚼時，我們注意食物的質地是硬、軟或粗，並思惟：「這是地界。」對食物的溫度，思惟：「這是火界。」對食物流出的汁液，思惟：「這是水界。」當食物從口腔推向胃部，思惟：「這是風界。」

從究竟的意義上說，舌淨色和食物皆由四界組成。兩者皆是色法，對它們加以分別，稱爲色分別智。

再者，我們還分別名法。當我們作意食物接觸舌淨色，便生起想心所，它注意不同的味道，如鹹、甜、酸、苦、澀等等。由於舌觸，不斷生起許多受——樂受、苦受、捨受。我們發現食物要是美味，便生起樂受，跟著生起渴愛。我們伸出手，要抓取更美味的食物，這是貪愛必然的徵象。若味道不再提供滿足感，不再刺激樂受，我們就會注意到：渴愛停止了。這樣我們便見到無常、無我和名法的緣起。這是名法及其因緣的分別智。

吃東西的整套行動只是名法和色法靠著稍縱即逝的因緣和相續的緣起，並沒有常住不變的自我。經由善巧的分別，我們得到穿透性的緣攝受智，食物就不能奴役我們了。進食只是為了維持生命。進食的過程看似瑣細，再度感到飢餓令人疲累，甚至根本不再受到食物的吸引，這樣一來，透過正念正知，產生煩惱的過程便轉化為產生觀慧的過程。

食物不但刺激對味道的貪欲，也刺激其他四個根門。一看到食物光潔的外觀，生起眼觸。由於眼觸，生起樂受，接著生起貪愛色塵（食物）。咀嚼著酥脆的食物，會有悅耳的聲音，一面聽著這樣的聲音，又生起對它的渴愛。當食物可喜的香氣撞擊鼻淨色，我們享受這香氣，生起對氣味的貪愛。享受著軟軟滑滑的食物，生起觸感的貪欲。這就是食物如何刺激五根門，而且食物會「呑噬」粗心的進食之人。

5. 與善速行心相應的三十三心所

讓我們來看看善行當中有多少心所。行善如布施、持戒、修觀、社區服務等等，會有一個三因善心生起，相應的三十三個心所在速行階段生起。分別是：七遍一切心心所，與每一心俱生；如果布施時有喜悅，就加上六雜心所；十九通一切美心心所，定與每一美心俱生；還有無癡心所。如果善行背後缺乏智見，那就只有二因心，以及三十二心所（沒有無癡心所）生起。

九、「我」的邪見如何生起

分析了每一個相應心所及它們各自的特定作用之後，我們會產生這樣的認識：沒有上帝，沒有主人在控制任何吃、見、聞、想等等的過程！這不但令人驚異，而且能令人解脫。所謂自主的「我」或「人」的身見，是來自無法破除心所的作用密集（kiccaghana），也就是心所的統合作用。因此會錯認受心所是「我」、想心所是「我」、貪或瞋心所是「我」、各種不同的心是「我」。然後心想：「我享受這個味道！」「我很緊張！」「我很聰明！」別被這種思想給唬了，「我」不過是心和心所的混合。

十、結論

心和心所是相互依存的。打個比方，心如同車身，相應的心所就如同引擎、排檔、煞車、方向盤、輪胎、後視鏡一樣，各自執行它們的特別功能，幫助車子移動。同樣地，無論是嚐味、見色、聞聲、嗅香、身觸，或思惟法塵，心所幫助心完成整個識知過程。如果沒有心所的協助，心就無法完整地體驗目標，有如車身無法獨自前進、轉彎、倒退等等。

研究心所可以幫助我們了解心與六塵（相應於六識）接觸時會如何反應，這尤其在諸惡莫作、眾善奉行和自淨其意上非常重要。

然而，當我們的心修習了更多善法，還是要時時記得，心和心所沒有一個永恆的自我、靈魂或人格。這是佛陀的基本教示，也是解脫於苦的唯一道路，若缺乏這樣的智慧，想證得入流果是不可能的。

5 色

一、色法

物質，是第三究竟眞實諦，爲什麼在巴利語中稱爲色法（rūpa）？在巴利語中，rūpa是源自ruppati的字根而來，意爲「受破壞、干擾、逼迫、破碎」。佛陀曾稱色法爲會破壞的（ruppati），因爲它會遭受疾病、折磨、傷害和衰竭。這個定義顯示我們的這個物質的色身，時時都會變化。

爲什麼應該了解色法？在《牧牛者大經》（中部33經），佛陀解釋要在佛法及戒律中成長，比丘必須了知色法：

> 云何比丘知色？言此比丘於任何色，如實知諸色是四大及依四大之所造色也。如是比丘謂知色。

同一經中，佛陀又說，比丘若不能了知色法，就無法在正法和戒律中成長、增上並成就。

二、一切色法皆由四大元素所造

佛陀指的四大元素爲地、水、火、風，這些是色法的組成要素。當然，四者並非我們實際上認爲的地、水、火、風，而是色法所展示的特質或特相，更具體地該說是堅硬性、黏合性、溫度、壓力。每一個色法，小至我們身體中的微粒子，大至高山海洋，一切的物質都由這四大元素和四大所造色組合而成。它們被稱爲界（dhātu），意爲持有自性。

舉例來說，地界主要的特相是堅硬；水界主要的特相是黏合；火界主要的特相是溫暖；風界主要的特相是推動。因此，當禪修者修行四界分別觀（見第十一章）時，專注身體上四界的體驗，並非如世俗意義的塵土、液體、火燄、氣體，而是在堅性、濕性、暖性、動性現起時，去了解它們。

讓我們來更詳細檢視四大元素。

三、四大元素

地界（pathavīdhātu）的得名，是因爲它有如大地一般，作爲其他三個俱生色法的支柱或立足處。它又是能擴展的元素，因爲能擴展，所以物體會占據空間。地界的主要特相雖然是硬，但次要的特相也包含粗、重、軟、滑、輕。在人體內硬、實、粗或軟——如頭髮、牙齒、指甲、骨頭、心臟、脾臟、腸等——就有顯著的地界特相，其他三界與地界同在，只是少些。

由於地界，我們的身體現起各種不同的形狀和大小。地界太盛使我們僵硬如石，造成風濕病、心臟血管疾病等病症。然而，若沒有地界，我們會變成沒有固定形狀的一團，沒有硬度、明確的特性、界限或重量。

水界（āpodhātu）有黏合的特相，爲同一粒色聚（rūpa kalāpa）中的地、火、風其他三大元素提供黏著力，把同一粒色聚中的三個元素連結並凝聚起來，避免散落。一切物質，小至原子，大至行星，就是由於這黏結的元素，色法才可以現起各種不同的形狀和大小。例如，若沒有水界，埃佛勒斯峰會立刻瓦解消失，爲什麼呢？地界、火界、風界沒有黏結在一起的力量，結果會立刻崩散。因爲水界黏合的特性，我們的四肢及器官才能維持在適當的位置上。

水界也有流動的特相，水界平衡時，其他元素得以黏合。水界若太盛，便會分散並流動。這可以用水倒入麵粉來試驗，少量的水可使麵粉結合成麵糰，太多的話，麵糰就開始流動，麵粉四散。

人體內的液體，無論是血、痰、尿、脂肪、淚、汗、脂膏等等，都有著顯著的水界特相。因爲這種特相，我們的身體得以維持整體性和適宜的黏合度，也保持適宜的形狀，不致萎縮，若沒有水界，我們的身體便乾枯了，一吹就走。

火界（tejodhātu）的特相是暖，可保持並支持其他界，令其他色法溫暖、成熟及老化，如人體中的新陳代謝過程。一切有情及植物的生命力、生長和維持一期生命，皆依靠火界維持。例如花朵開放、果子熟軟，都是由於火界；人最終變老、長出皺紋、身體衰弱等等也是由於火界。

火界的現起是不斷地使物質柔軟。如不斷加熱鐵棒，就會變軟，它也有冷的特相，使色法變硬。當然，熱和冷是相對的。當我們碰水，覺得水是溫溫熱熱的，那是火界。而若感覺水溫是涼冷的，也是火界，不過相對微弱罷了。

體內若能保持體溫、幫助消化，都因爲火界是主要因素，還可以令身體成熟和變老。如果火界平衡，人就健康。缺乏火界，會消化不良；如果火界過盛，會導致發燒，甚至死亡。若沒有火界，身體不能存在。

風界（vāyodhātu）是壓力、膨脹、運動，支持其他三大元素，令其移動。它有壓力和支持的雙重特相，現起是帶動其他色法從一處至另一處。我們能夠直挺地坐或站，那是因爲風界支持的特相。風界的體驗是體內和體外有形的壓力。

我們體內有六類風界：

1. 上行風：是往上的風，會引起打嗝、咳嗽、打噴嚏，以及相關的疾病。

2. 下行風：是往下的風，它會導致大、小便及排氣。

3. 腹內腸外風：大小腸以外的其他內腔移動的風，令體內器官執行正常作用。

4. 腸內風：大小腸內移動的風（會促使腸道蠕動，把所吃的食物往下推動，經過直腸至肛門排出）。

5. 肢體循環風：各肢體間移動的風，令手腳可以彎曲。

6. 入出息風：入息與出息，即是呼吸的風。

全身還有微血管讓風界移動。若沒有足夠的風界，中風等疾病便可能發生。

總之，我們的身體以地界爲基礎，給其他三界一個基礎，由水界黏結，由火界維持，由風界移動。

其實，四大元素中沒有一個可完全缺了色法，完全不可能。一切色法都有這四大特質，雖然可能大量缺乏某一個或多個。如果四大元素不平衡，植物、動物、天象、自然循環如氣候和季節等等就不規則，人體也一樣，這也是我們必須了解四大元素之間相互關係的理由之一。要保持健康，就要保持四大平衡，平衡即健康，不平衡即生病。保持平衡依賴許多因素：平穩的情緒、適宜的氣候、健康的食物、潔淨的空氣和水，同時也依賴我們過去無始劫所造的善業。

四、純八法聚

色法共有二十八種：四大元素，以及四大元素所產生出來的二十四種所造色。二十四種所造色中，四種所造色和四大元素組合爲純八法聚（pure-octad kalāpa）。

一個純八法聚包含八種色法：

1.地	2.水	3.火	4.風
5.顏色	6.香	7.味	8.食素

圖 8：二十八種色法

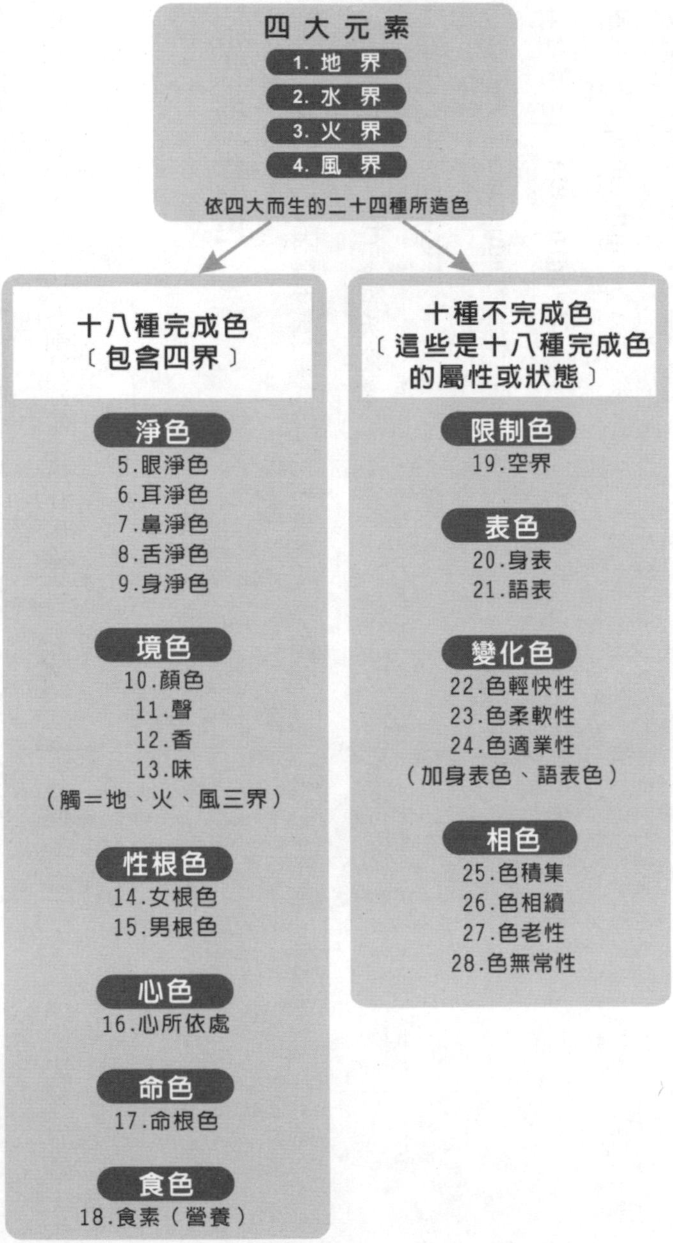
四大元素
1. 地界
2. 水界
3. 火界
4. 風界
依四大而生的二十四種所造色
十八種完成色
〔包含四界〕
淨色
5.眼淨色
6.耳淨色
7.鼻淨色
8.舌淨色
9.身淨色
境色
10.顏色
11.聲
12.香
13.味
（觸＝地、火、風三界）
性根色
14.女根色
15.男根色
心色
16.心所依處
命色
17.命根色
食色
18.食素（營養）
十種不完成色
〔這些是十八種完成色的屬性或狀態〕
限制色
19.空界
表色
20.身表
21.語表
變化色
22.色輕快性
23.色柔軟性
24.色適業性
（加身表色、語表色）
相色
25.色積集
26.色相續
27.色老性
28.色無常性

這裡所謂的純八法聚是彼此不分離的。在一粒色聚裡的所有色法都是同生同滅，**純八法聚是無生命的色法的組成要素**，同時也占著有情身體的很大一部分。

我們已經討論過色法的前八種，現在來檢視全部的二十八種。這二十八種色法可分為十八完成色和十不完成色。

五、十八種完成色

稱為完成色，是因為它們擁有自性，適合作為觀禪的目標。可分為七類：

1. 元素色（dhātu）（四大元素）
2. 淨色（pasādarūpa）
3. 境色（gocararūpa）
4. 性根色（bhāvarrūpa）
5. 心色（hadayarūpa）（心所依處）
6. 命色（jīvitindriya）（命根）
7. 食色（kabalikārāhāra）（食素）

1. 元素色（如前第三節四大元素所述）

2. 淨色

這是五個個別存在於五根的透明色法，「透明」是代表根門中淨的部分，是實際接收外界的刺激的。有些生理感官中的色聚包含淨色——即眼淨色、耳淨色、鼻淨色、舌淨色和身淨色——可以接收相應五塵的資訊。

1. 眼淨色

取色所緣或顏色爲目標。一般稱爲「眼」的，其實是色法的組合，其中最重要的是眼淨色，位於視網膜裡的淨色，由四大元素構成。眼淨色對顏色或光敏感，因此爲眼識的依處①。眼淨色包含在眼十法聚中，是同一色聚中四大元素構成的淨色。禪修者如有足夠定力，便會發現，在辨識眼周圍

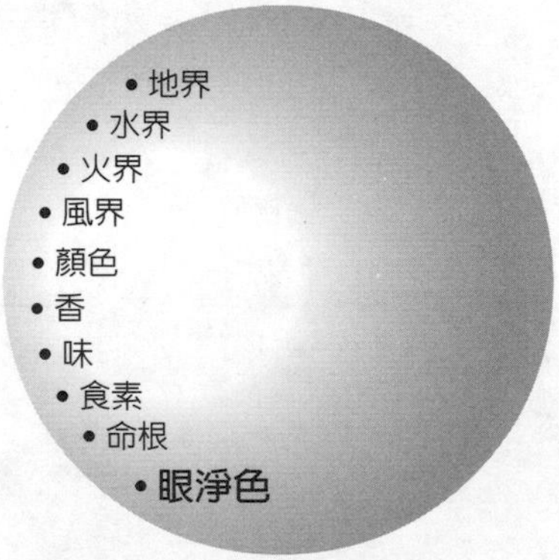

眼十法聚

①因此，眼識只看得見顏色，卻不能看見色所緣的形狀，同樣地，耳識只聽得見聲音，卻不懂聲音的意義。

的眼十法聚時，顏色立刻撞擊眼根，生起眼識。

2. 耳淨色

取聲音爲目標。位於內耳裡對聲音敏感的淨色，因此爲耳識的依處。當聲音撞擊耳淨色時，耳識就會生起。耳淨色包含在耳十法聚中，是在同一色聚中四大元素構成的淨色。

3. 鼻淨色

取氣味爲目標。位於鼻孔裡對氣味敏感的淨色，因此爲鼻識的依處。當氣味撞擊鼻淨色時，鼻識就會生起。鼻淨色包含在鼻十法聚中，是在同一色聚中四大元素構成的淨色。

4. 舌淨色

取味道爲目標。散置於舌頭上對味道敏感的淨色，因此爲舌識的依處。當味道撞擊舌淨色時，舌識就會生起。舌淨色是包含在舌十法聚中，是在同一色聚中四大元素構成的淨色。

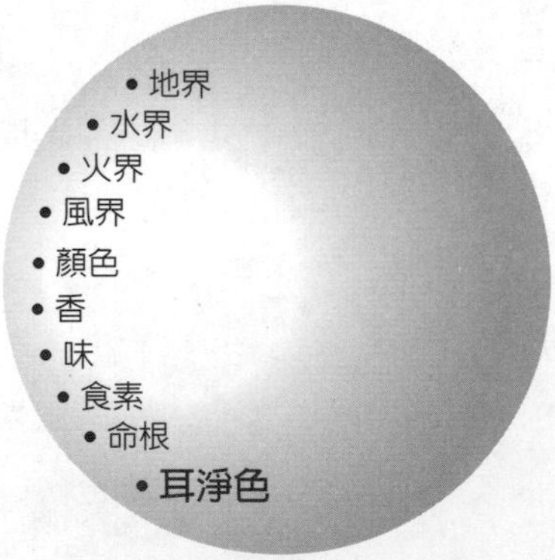

耳十法聚

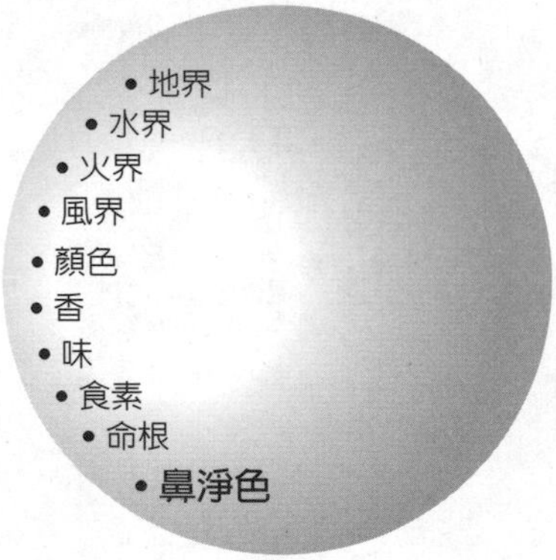

鼻十法聚

5. 身淨色

取觸所緣或地觸、火觸、風觸為目標。散置於全身對觸所緣敏感的淨色，因此為身識的依處。當觸所緣撞擊身淨色時，身識就會生起。身淨色是包含在身十法聚中，是在同一色聚中四大元素構成的淨色。

這五淨色的特相是某一特定的入處對相應的外塵敏感（如眼淨色對顏色敏感，耳淨色對聲音敏感等等）。我們因過去的業，而有與生俱來的淨色，由於我們對見、聞、嗅、嚐、觸五根所接收的目標的欲望和貪愛而生起，雙五識各依五淨色分別生起。當各式各樣的顏色及光撞擊眼淨色時，眼識會生起，看見色所緣，然後滅去。色所緣、眼根和眼識的接觸，稱為觸，促使眼門心路過程生起，接著許多的意門心路過程也會生起，以清楚認知色所緣。對耳、鼻、舌、身淨色之生起、滅去及其心路過程亦以此類推。

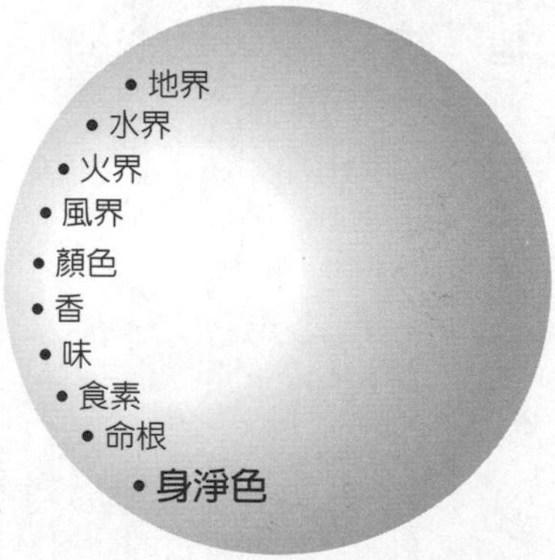

身十法聚

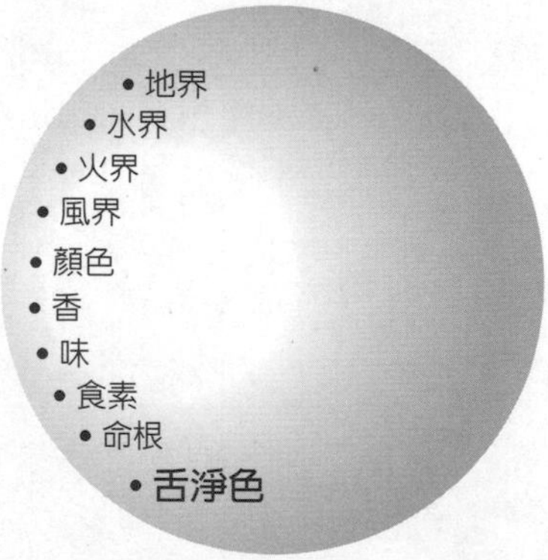

舌十法聚

3. 境色

色（顏色）、聲、香、味四種境色是四大所造色。觸所緣則包含地界（感受硬、粗等）、火界（感受熱、冷等）、風界（感受壓力、支持等）。在此不包含水界，因爲它無法以觸去感覺②。境色的特相是撞擊眼、耳、鼻、舌及身等五淨色，作用是作爲五根識的目標。

我們切莫誤以爲境色僅存在於外境，它在體內也能找到。例如當一個禪修者識別胃中剛吃下的食物的四大時，苦味可能會呈現在他的觀照中。同樣地，當他識別身體的氣味時，臭味可能很明顯。

4. 性根色

性根色有兩種，稱爲女根色與男根色。女根色具有女性的特相。它的現起是透過女性的特質、特徵、舉止、身體的結構、聲音等等，讓我們知道「這是一位女性」，女根色只有女性才有（偶而男性陰陽人也有）。

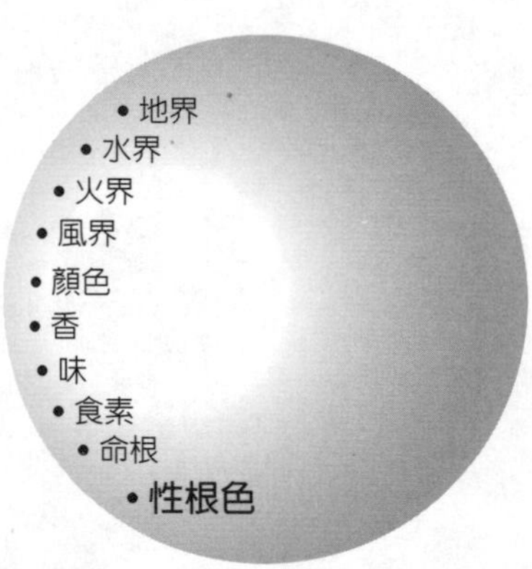

性根十法聚

男根色的特相是男性。它的現起是透過男性的特質、特徵、舉止、身體的結構、聲音等等，讓我們知道「這是一位男性」，男根色只有男性才有（偶而女性陰陽人也有）。

對於「女性」陰陽人而言，當她對女性生起執著時，她的女性特徵會隱藏起來，而男性的特徵即會顯現。同樣地，對於「男性」陰陽人而言，當他對男性生起執著時，他的男性特徵會隱藏起來，而女性的特徵即會顯現。

男性或女性的性根十法聚是由「八不離色」、「命根色」及男或女的「性根色」組合成的，遍布男性或女性的全身，也是男女有所分別的原因。

5. 心色

心色指心所依處（hadayavatthu）。「八不離色」、「命根色」及「心所依處」組合成「心所依處十法聚」。有許多萬個心所依處十法聚位於心臟內的血中，而非在心臟中。心色支持除了雙五識以外的所有心識，也和其他色聚一樣，以極快的速度生滅。

②根據阿毗達摩，水界無法以觸來感覺，只能以心。

6. 命色

命色指維持色法的命根。「八不離色」及「命根色」組合成「命根九法聚」。誠如在心所中有一個重要的維持名法之命的「名命根」，同樣地，也有一個重要的維持色法之命的「命根色」，它賦予有情生命。「命根」有保護作用，就像池塘中的水維持蓮花不會枯萎一般。因此，命根的特相是維持在「住」時的「俱生色法」。它只維持與自己同在一粒色聚中的業生色，如眼、耳、鼻、舌、身、性根及心所依處等業生色聚的生命。每一有情的生命都是由這種業生的命根維持，它一旦終止，就稱爲「死亡」，身軀成爲一具沒有生命力的死屍。

7. 食色

食色指食素（ojā）。每一粒純八法聚中都有食素，食素

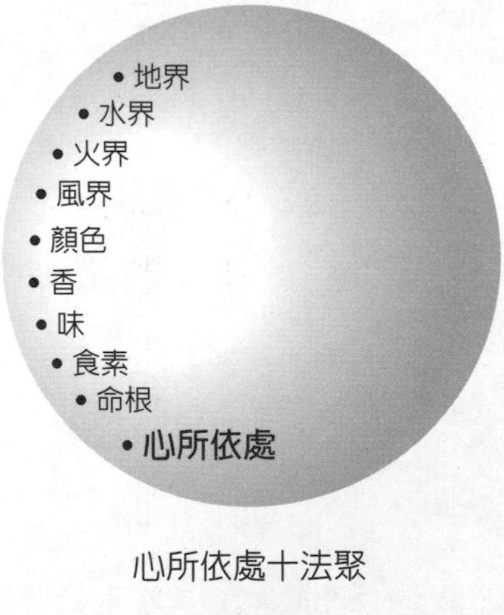

心所依處十法聚

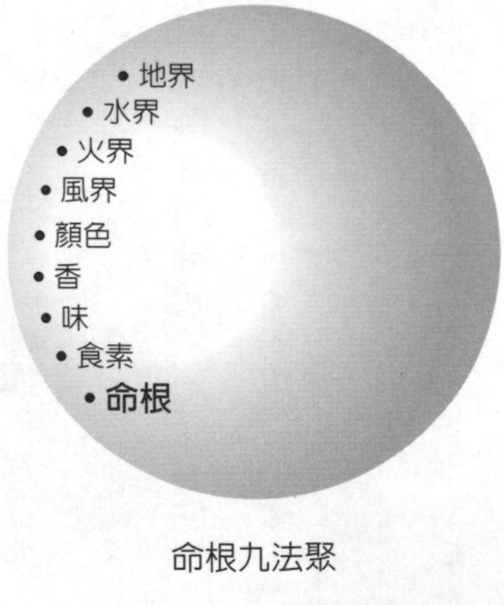

命根九法聚

即食物裡的營養素，它可以幫助身體中新色法的成長。在每一粒色聚中的食素，受到消化之火的支助，不斷產生新的色聚。這樣，一天的食素可維持身體七天所需。

以上十八種完成色討論完畢。

五淨色、兩種性根色、心色和命色，都是由過去生所造之業而產生的色法。因此，眼睛、耳朵、鼻子或身體有先天殘缺，就是過去的不善業所致，並沒有萬能之神在操縱。業在先前生起，在其後感果。

總之，這十八種完成色有以下共同的特相：

1. 都有自己的特性，稱爲有自性色（sabhāvarūpa）。例如火界的熱、地界的硬等等。
2. 都有無常、苦、無我三共相，稱爲有相色（salakkhaṇarūpa）。
3. 都直接由業、心、時節及食素等諸緣所造成的，稱爲完成色（nipphannarūpa）。
4. 都會遭受變更或破壞，稱爲色色（rūparūpa）。
5. 其三共相是觀智觀照的目標，稱爲思惟色（sammasanarūpa）。

六、十種不完成色

其餘十種色法被稱爲「不完成色」，因爲它們不是由四種色法之因（業、心、時節、食素）直接造成，而只是完成色的素質。因此它們不算究竟眞實法，不能當做觀禪的目標。它們可分爲四類：

1. 限制色

限制色指空界（ākasadhātu），空界是劃定色聚（rūpa kalāpas）的界限或分隔諸色聚的空隙，它是諸色聚之間的空界。就如將許多蛋緊緊地擺放在籃子裡，它們之間仍有空隙，人體裡也有很多色聚，如眼十法聚、命根九法聚、身十法聚等等，如何分辨彼此呢？就是從諸色聚間的空隙來分辨一個一個的色聚。

硬的塊狀物品如石子、金屬、大石、金塊中，有無數的色法粒子，每個粒子都由空界分開。就是因爲有空界，石塊和金屬塊才能剖開或切割成小塊。

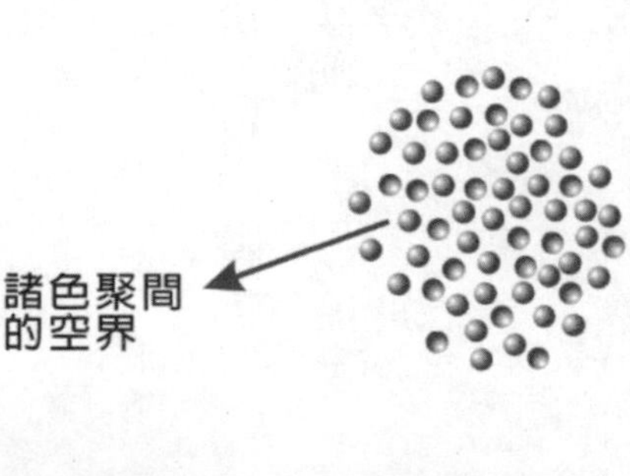

2. 表色

表色共有兩種：身表和語表。

1. 身表

身表是透過身體的移動，如：點頭、屈臂、揮手、前進、後退等等的肢體動作，將個人的意念傳達給他人。例如：當我們生起心念想要靠近某人時，就會產生許多的心生色聚擴散全身。而許多心生色聚中的風界會一同生起，一個接著一個，令色法從一處移動至另一處，因此身體便向前移動，想要靠近某人的意念也表達出來了。

2. 語表

一個人想要說話時，會生起許多的心生色聚擴散全身。當這些心生色聚的地界擴散至喉嚨，與喉嚨中的業生色聚的地界相碰撞時，就會發出聲音說話，如此，人的意念就呈現出來了。

3. 變化色

這個範疇內包含完成色的特別呈現方式，包括以上討論過的兩個表色，以及其他三種色法必須同時生起方可作用：色輕快性、色柔軟性、色適業性。

色輕快性，能夠防止或去除色法的沉重性。色柔軟性，可以去除色法的僵硬性。色適業性，能夠去除色法的不適業性。三者同時俱生。

當身體某一部分的四界失衡時，那一部分會感到沉重和笨拙、不靈巧和不適業。這是因爲氣候、食物或情緒所導致。當四界平衡，色輕快性、色柔軟性、色適業性就會去除色法的沉重、僵硬和不適業，這使身體運作得比較有效率，於是健康就較爲良好，性格也更爲愉悅。

4. 相色

這四種特相描述生命的週期：色積集、色相續、色老性、色無常性。

色積集是指色法過程中色法開始生起的剎那。色相續是這個過程中相同色法不斷地再生起的過程。事實上，色積集與色相續都在相同的過程中，兩者皆是色法的「生時」。色老性是成熟的過程，正如太陽越過了頂點，終將沓沒在黑暗中。色無常性是那色法消失和最終滅盡。因此，在究竟眞實法中，每一種色法都會經歷三時，即生時、住時及滅時。

我們講述了十種不完成色，包括一種空界、兩種表色、三種變化色、四種相色。

色法不能說是善還是不善，因爲這樣的辭彙僅適用於名法。色法不像一個個的心，一個時間只能生起一個，許多色聚可以在身體裡同時生起。如果我們修四界分別觀，仔細觀照四界，我們會了解自己的身體只是色聚快速生滅的集合體。

每一個色聚都微小到不能爲肉眼所見，即使微塵都是許多色聚積集而成的蘊。細菌也是許多色聚構成的，只有透過顯微鏡才看得見。然而，經過訓練的心，不但可以識別一個一個色聚，也可以識別每一色聚中包含的一個一個的界。

七、色法的分別

一切色可分爲下列不同的範疇：

1.無根（無因）：色法是無根的，跟名法不同，色法不與善根和不善根相應。

2.有緣：一切色法都依靠四因之一生起（如第八節色法生起之源所述）。

3.有漏：色法可以成爲有漏的目標，例如眼淨色透過渴愛和身見，可以成爲執著的目標。

4.有爲和世間：色法無法超越五取蘊的世間，跟出世間心不同。

5.屬於欲界：色法依本性是屬於欲界，因爲是欲（界）欲的目標。

6. **無所緣**：色法不能如名法一般識知目標。

7. **非當斷**：色法不能如煩惱一般，被四出世間道智所斷除。

八、色法生起之源

色法靠四因生起：

1. **業（kamma）**
2. **心（citta）**
3. **時節或熱能（utu）**
4. **食素（āhāra）**

1. 業

假設某人在過去生，因執著於「有」（生命）而謹守戒律，希望來世能投生為美麗動人的女子，業果成熟時，願望就會實現。在卵子受精的剎那，「身十法聚」、「心所依處十法聚」及「女性根十法聚」就已經生起，構成胚胎。這三種色法的生起或完成就是「色積集」，當諸根具足後，伴隨生起的這些色法和其他色法，就是「色相續」。「心所依處十法聚」是結生心所依，「女性根十法聚」來自一個人渴望成爲女性的業。兩者都是過去業。

同時，眼、耳、鼻及舌等十法聚也逐漸地生起，這四者也是由業生成，由於渴望見、聞、嗅、嚐和觸。天生盲聾沒有眼十法聚和耳十法聚，這是由於不善業成熟。

因而可知，「八不離色」、「五淨色」、「性根色」及「心所依處」等都是「業生色」。

過去生所造之業決定人類今生的性別、壽命、根性、健康及長相。在《小業分別經》（中部135經）中，佛陀是這樣說的：

- 短命是殺生所致，長壽則是不殺生所致；
- 疾病是殘酷所致，健康則是慈愛不虐待所致；
- 醜陋是瞋怒所致，五官端正莊嚴則是不發脾氣所致。

即使是畜生，因爲過去的惡業，使其種類、長相、大小、力量也不同。

誠如佛陀所言，輪迴的直接因素是業，但令業產生果報的卻是渴愛。因此，渴愛是所有的「業生色」生起的根本因素。這即是苦集聖諦，詳述渴愛導致輪迴。

2. 心

所有依靠「心所依處」生起的心識，都能產生「心生色法」。例如：你想要說話時，若注意「心所依處」，便可以觀照到，因爲想要說話的意念，生起了千千萬萬的心生之「純八法聚」，並布滿全身。喉嚨中也有許多的「業生色聚」。我們分析這些色聚時將會發現，它們至少都含有「八不離色」。當「心生色聚」擴散至喉嚨時，其中的地界會撞擊在喉嚨中的「業生色聚」中之地界，因此發出聲音，這就是「語表色」。又如你敲門時，因爲手中的地界撞擊門中的地界，因而發出聲音一樣。

同樣地，我們想要跟朋友握手時，意念就會產生許多「心生色聚」布滿全身。而「心生色聚」中的風界會促使手擺動。這就是「身表色」。

再舉一個例子，生氣時會產生許多的心生色，其時生起許多心生的八法聚遍布全身。由於瞋心，心生色聚中的火界特別明顯。這個火界會讓全身發熱，導致心跳加速、滿臉通紅、呼吸粗重，只要火界旺盛，風界也活躍起來，身體甚至會顫動並發抖。這時，我們感覺很難受，好像被不善心念所懲罰，有時甚至會心臟病發作。

我們可以看到名法對身體的強大影響，憂鬱、焦慮、恐懼和仇恨會產生不健康的色法，使人生病。中國古代醫典《黃帝內經》是兩千年以來的基本中醫來源，也獲得同樣的結論：多數疾病來自情志。所以，爲了健康，趁早放掉負面情緒吧！

另一個極端是，只要我們珍視善的心念——像是慈心、知足、誠實、悲心、寬恕和感恩——這些殊勝的善心，只要大加培育，便會在全身產生許多純淨明亮的「心生色聚」，每一粒色聚中的顏色會變得明亮，一旦許多光亮的色聚同時或陸續地在身體中密集生起，顏色就以亮光的形相出現，我們可以在體內看到亮光。這種殊勝的色法可療癒身體並帶來良好的健康、煥發的容顏和身心的輕安。

知名的日本研究者江本勝（Masaru Emoto）③對水做了研究，展示毀滅性情緒如何直接影響水結晶，他發現建設性的情緒如愛和感謝剛好相反，會形成美麗對稱的結構。他的研究顯示我們的心念直接影響色法，不但在多由水分所組成的身體內，也在身體外。

如果我們來探究一下今天世界的現狀，便會相信令人害怕的可能性——我們共同的心念和行動正在影響大自然正常的平衡和韻律，天候紊亂、全球暖化、一再發生的天災，多半都由於

③ *The Hidden Messages in Water* by Masaru Emoto

四界的不平衡，而這正是我們敗壞的內心造成的。

根據十九世紀著名的緬甸學者比丘列迪長老（Ledi Sayadaw）的著作《決定手冊》（*Niyāma Dīpanī*），業可分為兩類，一種只影響我們自己，一種溢出界限，影響其他人（甚至無生物）。的確，他說：「當人類的心念和行為異常敗壞，所有滿溢的業就快速從整個地球流向月球、太陽和星星的軌道，甚至抵消了空界和整體如樹木等的有機世界。」④

佛陀也說過：

> 每當國王們不如法時，那時，國王的官員不如法……婆羅門與屋主們也不如法……城鎮與地方的人們也不如法。日月不正地運轉……星辰與星宿不正地運轉……日夜不正地運轉。月與半個月不正地運轉……季節與年不正地運轉……不正、失序的風不正地吹……天不正常地下雨……穀物不正常地成熟……人們吃不正常成熟的穀物時，他們短壽、醜陋、無力多病。
>
> ——《不如法的經》（增支部4：70經）

這些預示的話語只是警告可能降臨的災禍，但願在來不及以前，人類能及時從貪、瞋、癡的夢中醒覺。否則，我們會把這個賴以生存的星球變成災區，我們所熟悉的生命將從此消失。

好消息是，如果我們改善身、語、意行，這份改變不但影響我們自己，還會旁及他人和外界環境。舉例而言，如果我們在日常生活中散發慈心、容忍、悲心、知足、感恩，並培育這些善的心質，我們很可以逆轉造成世界問題的負面因素，這對每一個人都具有療癒效果。眾所周知，佛陀非常寬容，非常具有悲心，常強調我們應在日常生活中培育這些心質。

佛陀教導一種禪修，特別能療癒我們的心智和心靈，同時如鎮痛劑般療癒他人的心智和心靈，稱為慈心禪（mettā bhāvanā）。我們在禪修中誠摯祝願他人健康、快樂和平靜，沒有敵意和其他煩惱，向他人散發慈心。

慈愛的心念會產生許多心生色聚，這些色聚中，火界最明顯。火界會在身體內外產生很多代的時節生色聚，我們會看到自己所散發的良性振動和能量，對自己和他人都有正面的影響。

多年前我在馬來西亞，跟一位戒尼和一位年輕女士共住，這位年輕女士對我們一直是無來由地粗魯，我對她的行為不堪其擾。有一天我想我應該設法改善這個情況，憶起了佛陀所說的

④ *The Manual of Cosmic Order*, *III*.

「**怨恨不能止息怨恨**」，於是我決定散發慈心給她。

我將她的形象清楚地在心中顯現，用了半個小時，不斷誠懇地送下列話語給她：「願妳健康快樂，願妳沒有怨恨。」在這之後，我回到房間，還沒有踏入房間，戒尼就告訴我，那位年輕女子準備了兩份禮物給我們，眞沒想到！這眞是超乎我想像，她送給我一份禮物，還恭敬地鞠了三次躬。從那天開始，她變得更親切，跟我們和諧相處，直到我們離開。

另外一次，我半夜醒來，發現被一種很小的黑螞蟻咬了，我起了床，螞蟻已爬滿全身，雖然牠們很小，但是咬人很痛。我是一個佛教戒尼，持守不殺害任何有情眾生的戒，即使遭受攻擊也一本初衷。我試圖把螞蟻從身上拿開，卻不傷害牠們，但是我越設法不傷害螞蟻，牠們黏得越緊，我的皮膚都紅腫了，不知道還能怎麼辦。於是我決定，應付這類情況最好的方法，是散發慈心給牠們。

我非常驚訝，大部分螞蟻馬上不再咬我了，很顯然，我的心念對牠們那種攻擊行爲有安撫的作用。一兩隻螞蟻必定是接收較慢，還繼續咬我，但我並不感覺疼痛，因爲內心充滿了對牠們的慈心。這次之後，螞蟻還是在我的房間爬來爬去，但再也不上身，我們和諧地分享同一空間。

一九九八年，舊金山的兩所醫院分別做了對照的雙盲研究，發現病人在不知情下，若有人幫他祈禱，比起沒有祈禱的，恢復較快而且也較沒有併發症。這或許就是我的老師以前生重病時，現代的醫療沒能治癒他的病，倒是被一位資深的比丘唸誦佛陀的護衛偈頌而治癒。

人們也有這樣的報告：散發慈心給麻煩的人，結果與他們的關係大幅改善。也許雇主該多向員工培育慈心，來增進生產力。

悲心的心念也非常有效。我還清楚記得有兩次爲嚴重的頭痛所苦，我試了許多方法都沒有用，最後我把頭痛當成一個禪修目標，不斷散發悲心給一切有情眾生：「願一切眾生都不會感受我現在所感到的頭痛。」幾分鐘之內，頭痛突然不見了，眞不可思議！這個方法比止痛劑還有效，我們絕不要低估培育善心的力量。

然而更有趣的是對無心識生物的類似研究。根據美國醫生賴利．杜西（Larry Dossey），種子受到祈禱，萌芽更快。如果杜西的種子和江本勝的水都知道如何回應人類的心念，那麼生物爲什麼不呢？

心爲世界的前導，唯一有效改善世界、療癒受傷的地球、拯救我們免於毀滅的方法，就是向一切眾生，甚至維持這麼多世代生命的地球，散發愛、感激、悲心、感謝。

3. 時節或熱能

每一粒色聚都含有火界。每一個火界達到「住時」，就會產生新一代的「時節生十法聚」。這新一代的「時節生十法聚」也含有火界，而此一火界又會在體內和體外產生下一代的「時節生十法聚」。這是「時節」之定法（utu niyāma），這說明了事物爲什麼會持續一段時期。

身體內部產生的「時節生色」包括未經消化的食物、膿、糞便、小便等等。外部的時節生色則包括：海洋、高山、石頭、樹、植物、食物、衣物、珠寶、金錢、桌子、屍體等等物質。舉例來說，石頭、黃金或其他金屬內的火界非常強大，又會製造出許多代的「時節生色」，使這類色法可維持很長一段時間。

我們的身體包含業生色、心生色、時節生色和食生色。死亡後，屍體僅經由新一代的時節生色，以無生物的形態維持。其色聚

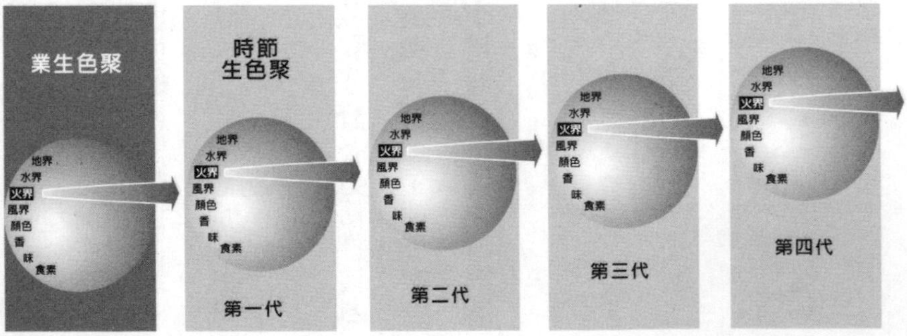

中的火界會製造新一代的「時節生色聚」，一代又一代，然後其中的火界又會製造出第二代「時節生色聚」。這樣的過程會持續地發生，直到火界力量弱到只能製造少量的「時節生色聚」。如此一來，屍體也隨之腐爛，最後化爲塵土。而當火界停止再生時，甚至連骨頭內的塵土都會自世上消失！緣起法的特性就是無常。

一旦禪修者能培育強大的觀照或甚深的定力，這樣的心在體內產生許多明亮而且強大的心生色（心生色只在體內產生），每一粒心生色聚內都有火界，可在身體內外產生一代又一代的「時節生十法聚」。當許多異常光亮的色聚同時或持續在體外產生，便顯現出光照，禪修者可看到外界有光，有了這樣的光，他們可見到一般肉眼看不見的事物。這種光可照到很遠，多遠則要看定力的深淺，定力越深，光就擴展到更遠更亮。

佛陀的聖弟子尊者阿那律（Anuruddhā）是天眼通（dibba cakkhu）第一，他可以把光擴散到一千個世界，見到其他趣的眾生。如果我們相信非常強大的善心念所產生的光，同時也可影響到其他人，就更能了解阿羅漢鴦崛摩羅說的：「覺者成了世間之光。」

4. 食素

地球上的生物都需要從外界攝取營養物質，來維持色身。這種外界的來源，我們通常稱爲食物，其實不過是時節生色聚的聚集，我們可以攝取到體內並且吸收。外界食素被咀嚼並吞下後，營養物質以時節生色聚的形態，遇到胃中業生消化之火，消化之火是命根九法聚中的火界，遍布全身，在胃中表現最強。

食素受消化之火的支持，即能產生新一代的色聚，稱爲食生色（āhāraja rūpa），這些食生色聚會擴散至全身，以其中的食素能滋養色身（見圖9）。

這一切如何發生的呢？新一代的食生色聚裡的食素支助身體中的業生色聚、心生色聚、時節生色聚，以及現有的「食生色聚」，這樣，我們一天所吃下的食物，其中的食素，能夠維持身體長達許多天。然而，如果我們吃的食物不適宜、不健康，身體會變得孱弱多病。

圖 9：食生色的過程

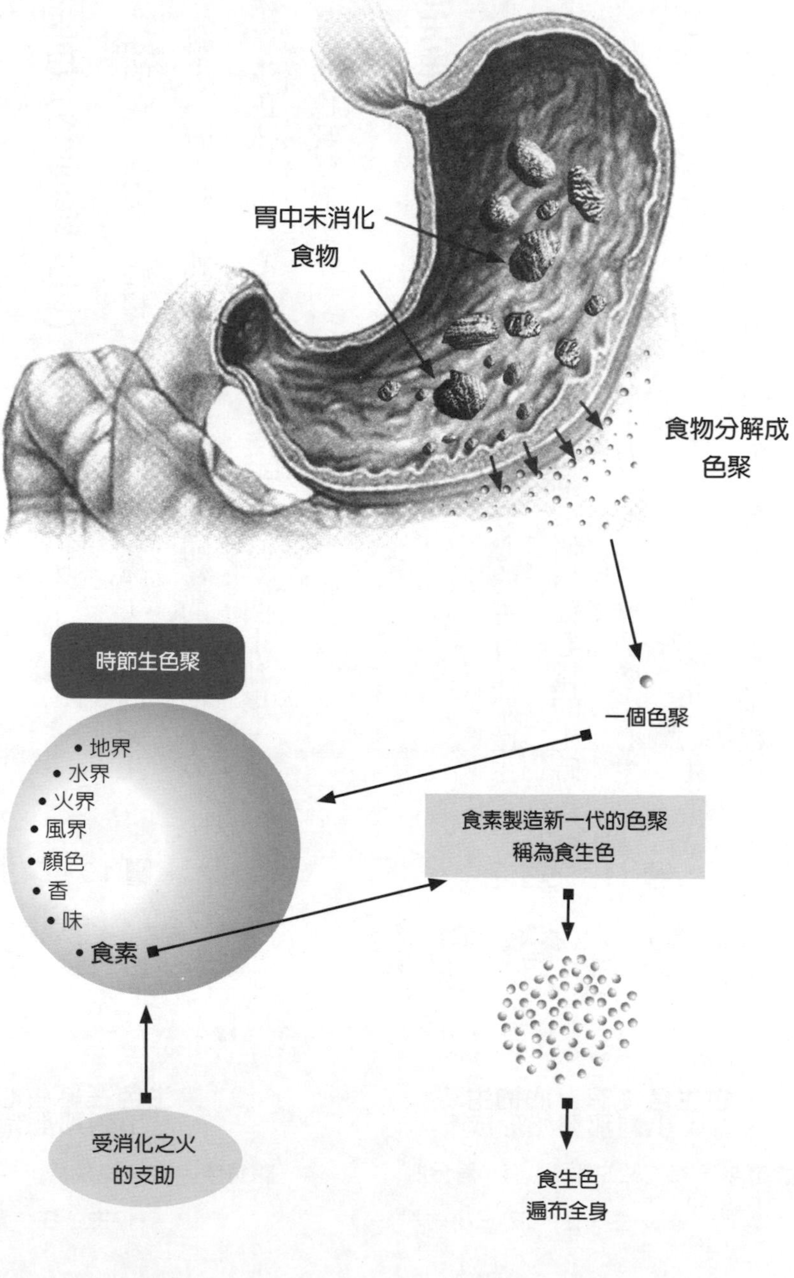
胃中未消化
食物
食物分解成
色聚
一個色聚
時節生色聚
• 地界
• 水界
• 火界
• 風界
• 顏色
• 香
• 味
• 食素
食素製造新一代的色聚
稱為食生色
受消化之火
的支助
食生色
遍布全身

九、色法轉起的次第

1. 業生色（kammaja-rūpa）

人類的色十法聚、性根十法聚、心所依處十法聚的業生色，在結生心的生時，就開始形成，並且在隨後的每一個小剎那持續產生色法。每一心都須經歷生、住、滅三個小剎那。這顯示我們的色身受過去業和現在業影響很大。

2. 心生色（cittaja-rūpa）

心生色法就是從結生心隨後生起的有分心的生時開始產生的。之後，在生命期裡，它都會持續在每一個相續心識的生時產生。但結生心因爲初來到新一世，力道太弱，無法產生心生色。十種根識「雙五識」也因缺乏產生力量，不能產生心生色。名法在生時力道最強，因此心生色只有在心的生時生起，

圖 10：業生色

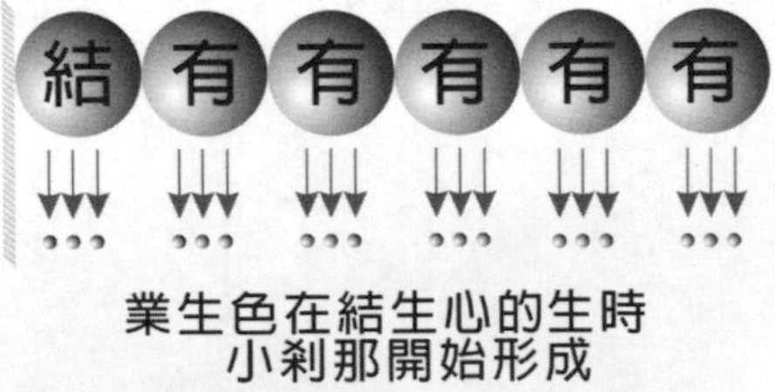

業生色在結生心的生時
小剎那開始形成

關鍵字：結　結生心　　有　有分心

　　　　　　生、住、滅 三小剎那

圖 11：心生色

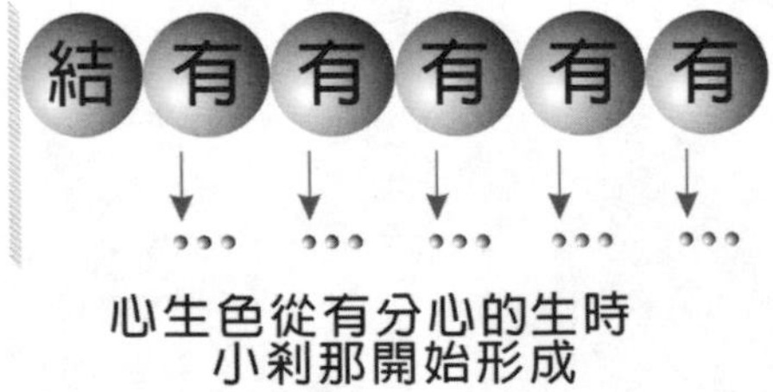

心生色從有分心的生時
小剎那開始形成

關鍵字：結　結生心　　有　有分心

　　　　　　生、住、滅 三小剎那

不會在心的住時或滅時生起。

3. 時節生色（utuja-rūpa）

每一個業生色、心生色和食生色都有火界。色法如心，也須歷經生、住、滅三個小剎那，但色法和心不一樣之處是，它在住時最有力，所以火界只有在住時產生時節生色。

業生色、心生色和食生色內的每一粒色聚的火界達到住時，時節生色才開始形成。

4. 食生色（āhāraja-rūpa）

體內的每一粒色聚皆含有食素。當內在的食素（體內）遇到外界的食素（來自食物），食生色才開始形成，但這只在吃進去的食物消化良好，食素散播至全身，才會發生。

十、死亡時刻

臨終時，之前生起的業生色滅盡。隨後，心生色和食生色也滅盡。此後，只剩下時節生色以屍體形態存在。

十一、名法和色法的關係

名法和色法之間到底有何關係？名法必須依靠「心所依處色」或「五入處」的色法才能生起。所以，名法都得靠著色法而生起，除了在無色界地（因為無色界地的有情沒有色法）。色法，不僅是名法的**依處**，也是名法的**目標**。

名色相互依存。當名法純淨而美善，色法也健康而壯實；當名法抑鬱而充滿煩惱，色法也沉重、遲滯而且缺乏能量。因此，健康的身體有助於心運作良好，同理，要是身體生病，心也很難放鬆和專注。

名法和色法也有時間關係。色法的生命期等於十七個心識剎那，換言之，心生起滅去十七個剎那，卻只有一粒色聚生、住、滅。心可產生色，色不能產生心。

這樣說來，名法比色法強大，這也就是生病的人常可藉由禪修來治癒自己的緣故。我的一位緬甸戒尼朋友，被診斷出乳房有多處腫瘤，她修四界分別觀來療癒。前五天，她專注於腫瘤中的火界，當她感覺火界溫度升高，腫瘤就變軟了。她繼續觀照軟，直到腫瘤變成液體。然後她帶著決意，觀照它流動的特相：「願病氣隨尿液流出。」經過十天的四界分別觀，她再去做檢驗，發現腫瘤全消失了。

這也說明了某些聖人的心，如佛陀或耶穌，對世界有多麼深刻而正面的影響，直到今日；而希特勒或史達林的心，又帶給世界多麼巨大的痛苦和毀滅。

十二、色不是「我」

只因爲人類不明白包括身體在內的色法是不斷變異的，是緣起法，每一剎那都在生起滅去，所以錯認色法爲自我，或自我擁有色法。他們迷於這樣的想法：「我即是色，色是我的。」如此一來，當身體變化、退化，甚至失去了身體，有情眾生就感到哀傷、悲嘆、痛苦、不悅和絕望。還有，自我的概念帶來事物屬於自我（attaniya）的概念，無論是房產、錢財、黃金、車輛、子女、配偶、姓名，還是聲譽。從究竟的意義來說，我們並沒有擁有自我，那麼屬於自我的，豈不是少到可憐？如《法句經》第62偈所言：

愚人苦惱說：
「我有兒子，我有財產。」
我尚且不是我，
何有兒子和財產？

由於誤認我們擁有事物，而想像它們是常、樂或我，於是我們不顧一切去追求它們，無窮無盡地尋求滿足，我們累積、執取、保護、擔心我們的所有物或有可能擁有的事物。

十三、結論

前三個究竟眞實法——心、心所和色——形成我們世俗所稱的一個人、天神或動物，如果沒有這樣的了解，我們就被無明禁錮、束縛、困住、套鎖，無明又引生渴愛。我們用渴愛、我慢和邪見來認知、想、看待身心為「我所有的」、「我」、「自我」。這樣的執取即是苦諦，佛陀在首度宣講的第一經說：

> 什麼是苦諦？簡要言之，五取蘊即是苦諦。
>
> ——《法輪轉起經》（相應部 56：11 經）

五取蘊是：

1. 色蘊（rūpakkhandha），包含四大元素和四大所造色，或過去，或現在，或未來，或內，或外，或勝，或劣，或粗，或細，或遠，或近。

2. 受蘊（vedanākkhandha），即受心所，或過去，或現在，或未來，或內，或外，或勝，或劣，或粗，或細，或遠，或近。

3. 想蘊（saññākkhandha），即想心所，或過去，或現在，或未來，或內，或外，或勝，或劣，或粗，或細，或遠，或近。

4. 行蘊（saṅkhārakkhandha），包含受、想之外的五十心所，或過去，或現在，或未來，或內，或外，或勝，或劣，或粗，或細，或遠，或近。

5. 識蘊（viññāṇakkhanda），包含八出世間心之外的一切心，或過去，或現在，或未來，或內，或外，或勝，或劣，或粗，或細，或遠，或近。

第一蘊等同色法，其他四蘊等同名法，組成世俗假名我。執取自我爲常存、快樂、眞實，不可避免地延長了輪迴的苦。

輪迴，字義即「永久的漂泊」，是無始以來的名法和色法生起滅去的生死輪迴。比起三界輪迴的道路，一世的生命只不過是飛逝的一剎那罷了！輪迴很痛苦，但有些人還一直對一再出生的想法抱著興趣，因爲他們相信，新的身體給常存的「自我」一個新家，這個想法令他們十分執取。

然而，了解生死、身心重擔本質的人，就非常害怕輪迴，他們盡極大的努力去逃離它的魔爪。悲心覺醒的聖人，安忍身心的重負，努力示現他人通往究竟解脫和快樂的道路，也就是從自私的欲望解脫，覺醒而朝向涅槃的平靜和永續的快樂進發。

6 涅槃

第四個究竟眞實法是涅槃（Nibbāna）。它是出世間的，即超越名色的有爲世間（五取蘊）。所謂涅槃是表示息滅了世間的貪、瞋、癡之火，也就是最終自有爲世間的痛苦解脫。註釋書說涅槃是「遠離渴愛的纏結」，把我們束縛在生死輪迴中的，正是渴愛，只要根除渴愛，便得證涅槃。

一、兩類涅槃

雖然涅槃有無爲不死界的本質，卻根據五蘊仍然存在與否而分爲兩方面。活著的阿羅漢所經驗的涅槃稱爲有餘依涅槃（saupadisesa），因爲五蘊仍然現起；阿羅漢最後寂滅之前所證得的涅槃，稱爲無餘依涅槃（anupadisesa），因爲五蘊被永遠棄捨，沒有剩餘。註釋書說這兩種涅槃界是摧毀煩惱（kilesa parinibbāna）和摧毀五蘊（khandha parinibbāna）。

在四種究竟真實法中，涅槃被稱爲「無爲法」（asaṅkhata dhamma），因爲它不是因緣和合，所以不會變化。它是永恆、寂靜、快樂、不變，並超越我和他的二元對立。另外的三個究竟真實法——心、心所及色——都是「有爲法」（saṅkhata dhamma），有爲法不斷滅去，就是萬億分之一秒也不會留駐，不是我所有的、我、自我，無法執取或擁有，因此必然是苦的。

二、觀智的階次

涅槃是「四道」（magga）和「四果」（phala）的目標。道和果只有透過培育觀智，觀照三共相——無常（anicca）、苦（dukkha）、無我（anattā）——才能證得。在培育觀智的過程中，未證悟涅槃前，一個人必須逐步經歷不同階段的觀智。這些觀智分別是：

1. 名色分別智（nāmarūpa-pariccheda-ñāṇa）

2. 緣攝受智（paccaya-pariggaha-ñāṇa）

3. 思惟智（sammasana-ñāṇa）

4. 生滅隨觀智（udayabbaya-ñāṇa）

5. 壞滅隨觀智（bhaṅga-ñāṇa）

6. 怖畏現起智（bhaya-ñāṇa）
7. 過患隨觀智（ādīnava-ñāṇa）
8. 厭離隨觀智（nibbidā-ñāṇa）
9. 欲解脫智（muñcitukamyatā-ñāṇa）
10. 審察隨觀智（paṭisaṅkhā-ñāṇa）
11. 行捨智（saṅkhārupekkhā-ñāṇa）

三、須陀洹道心

1. 須陀洹出世間道心心路過程

當一位修行人的觀智透過思惟諸行（saṅkhāra）的無常、苦或無我的特相而達到成熟時，就能證得涅槃。於彼時，「出世間安止心路」（sotāpatti magga vīthi）就會生起如下：

圖 12：第一次證得道和果

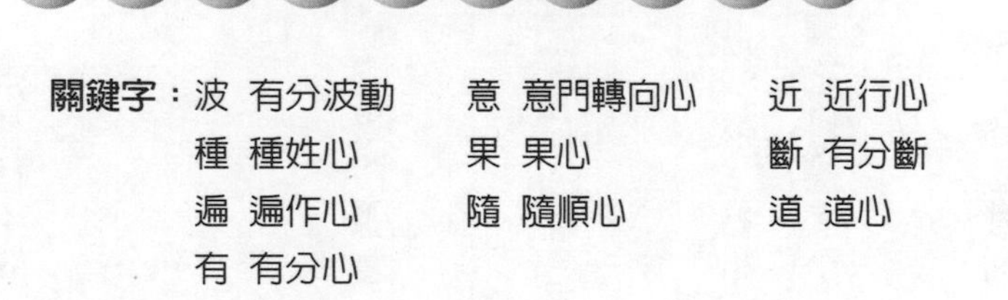

關鍵字：
波 有分波動　意 意門轉向心　近 近行心
種 種姓心　果 果心　斷 有分斷
遍 遍作心　隨 隨順心　道 道心
有 有分心

首先，有分波動了一個心識剎那後，有分心即中斷。接著，意門轉向心生起，思惟諸行法爲無常、苦或無我。然後，一種「欲界智相應一心」作爲速行心，會生起四次，分別執行不同的作用：

1.遍作心（parikamma）：預備心流證入道心。

2.近行心（upacāra）：已接近道心。

3.隨順心（anuloma）：順從這一剎那之前的凡夫心以及之後的道心。於這個剎那之後，修行人的心便不再緣取諸行爲目標。

4.種姓心（gotrabhu）：是第一個緣取涅槃爲目標的心，因此超越凡夫種姓（puthujjana）進入聖者種姓（Ariya）。它爲生起道智做準備，然後滅去。

種姓心之後，道心無間相續生起，摧破那未曾摧破的貪、瞋、癡。道心只生起一次，緣取涅槃爲目標。道心的直接立即結果，就是緊接著生起二至三個果心，也緣取涅槃爲目標。至此，行者便成爲須陀洹（又稱初果、預流果）聖者。兩個果心之後，心再次沉入「有分」。

雖然種姓心緣取涅槃爲目標，但是它無法如道心一般能斷除煩惱。道心只生起一個心識剎那就滅去。其實，同樣的道心絕不會在獲得道心的人的心相續流中生起第二次。雖然只生起一次，但它強大的力量足以斷除煩惱，相應的果心緊接著道心剎那生起，只要進入果定，果心可以生起數千心識剎那。

2. 須陀洹道心根除的煩惱

須陀洹道心能永久斷除三結：

1. 身見或我見（sakkāya-diṭṭhi）

這樣的聖者不再錯認五蘊爲我、我所有的或自我（atta）。

2. 戒禁取見（sīlabbataparāmāsa）

戒禁取包括模仿牛、狗和其他動物的行爲，以活人獻祭，折磨身體（如鞭打自己、長期睡在針板上、以單足站立、燃燒身體、停止呼吸、長期斷食），那樣的修習非但無法淨化煩惱，也無法解脫輪迴。

3. 疑（vicikicchā）

疑尤其指即對佛、法、僧三寶的懷疑。須陀洹聖者完全摧破了疑。從蘇巴普陀（Suppabuddha）的例子可以得到印證。痲瘋病患蘇巴普陀在專注聽聞佛陀說法①後，當下證得須陀洹果。聽眾散去後，他跟隨佛陀回到精舍。此時，帝釋天王（Sakka）想考驗蘇巴普陀對三寶的信心，於是出現在他的面前說：「你不過是個孤苦無依，靠乞討維生的窮人。現在，只要你否定佛、法、僧，並且宣稱三寶無用，我就給你用不完的財富。」蘇巴普陀回答：「你錯了！我絕不是一個孤苦無依的窮人，我是一個富人。因爲我擁有聖者所擁有的七聖財：我有信（saddhā）、戒（sīla）、慚（hiri）、愧（ottappa）、多聞（suta）[2]、布施（cāga）、慧（paññā）。」之後，帝釋天王便往謁佛陀，敘述他與蘇巴普陀之間的對話。佛陀開示說：即使一百個或一千個帝釋天王也很難影響蘇巴普陀對三寶的信心。這是須陀洹聖者對三寶有堅定不移的信心的例證。

證得須陀洹道心和果心，就稱爲須陀洹，他縮短了無始以來的生死輪迴。無論他多麼放逸，但獲得最究竟的解脫，不爲生死所縛，是指日可待的[3]。

他不會隱藏不善行，只要犯下錯誤，他會立即向他人懺悔、揭露，他會堅守五戒。誠如佛弟子庫祖達拉（Khujjutarā）的例子一樣。庫祖達拉是佛陀的在家女弟子，是莎瑪瓦蒂（Sāmāvatī）王后的侍女，職責是爲王后買花。她有個壞習慣，將王后購花的錢，私藏一半，只用一半的錢去買花。她由於過去善業成熟，有一天聽到佛陀說法，之後就證得須陀洹道果。

由於一個已證道的聖者是不可能隱瞞自己的不善行，她因此向王后坦承過去並未誠實履行職務。仁慈的莎瑪瓦蒂王后原諒了她。

須陀洹道心同時也永斷其他的五種心，即與邪見相應的四種貪根心，以及與疑相應的癡根心。

3. 須陀洹道心的四種功能

一盞燈在一剎那中同時執行四種功能（燃燒燈芯、出現亮光、驅逐黑暗及消耗燈油），同樣地，在一剎那中，須陀洹道同時執行以下四種功能：

1. 了知苦諦，即了知五取蘊。
2. 斷除集諦，即斷除強大到可導致投生於四惡道的欲愛。
3. 體證滅諦，即體證涅槃。

---

①見《法句經》第66偈。
②多聞（suta）：包括教理之聞（agama-suta）和證悟之聞（adhigama-suta），如分析名色和分別因果。
③《三寶經》（小部2：1經）。

4. 修行道諦，即修行八正道：

⑴**正見**：體證涅槃，即慧根心所。

⑵**正思惟**：把心指向涅槃，即尋心所。

⑶**正語**

⑷**正業**

⑸**正命**

正語、正業及正命必會以八正道的三個心所現起，執行個別斷除一切違反正語、正業及正命的習性。

⑹**正精進**：努力體證涅槃，即精進心所。

⑺**正念**：不忘失涅槃，即念心所。

⑻**正定**：心一境性於涅槃，即定心所。

入聖者之流的時候，出世間的八支聖道無間斷地從正見生起，直到證得涅槃。這些的意義在哪裡？與道心相應的慧心所，緣取涅槃爲目標，斷除遮蔽四聖諦的無明，因此，這位聖者首次如實知見四聖諦。我們要到證得須陀洹（**sotāpanna**）道心，才會眞正了知四

聖諦。

如佛陀所言：

比丘們！因爲對四聖諦的不隨覺、不通達，這樣，我與你們就流轉過這長途的輪迴……因爲對四聖諦已隨覺、已通達，有之渴愛已被切斷，有之管道已盡，現在不再有再生。

——《拘利村經》（相應部56：21經）

四、道心和果心的分別

道心與果心之間有何不同？道心是善心，果心是果報心。每一個道心都會促使相應的果心緊接著生起，這是出世間法的特質：無時或無間（akāliko）。而世間善法如布施，卻是需要經過一段特定的時間，如一天、十天、一個月、四年、十年，或甚至往後好幾世之後，才會產生果報。但是，出世間道心立即會產生果報。

道心的作用是斷除（或永遠減弱）諸煩惱。果心的作用則是體驗相應的道心所帶來的某種程度之解脫。

圖 13：須陀洹道心路過程

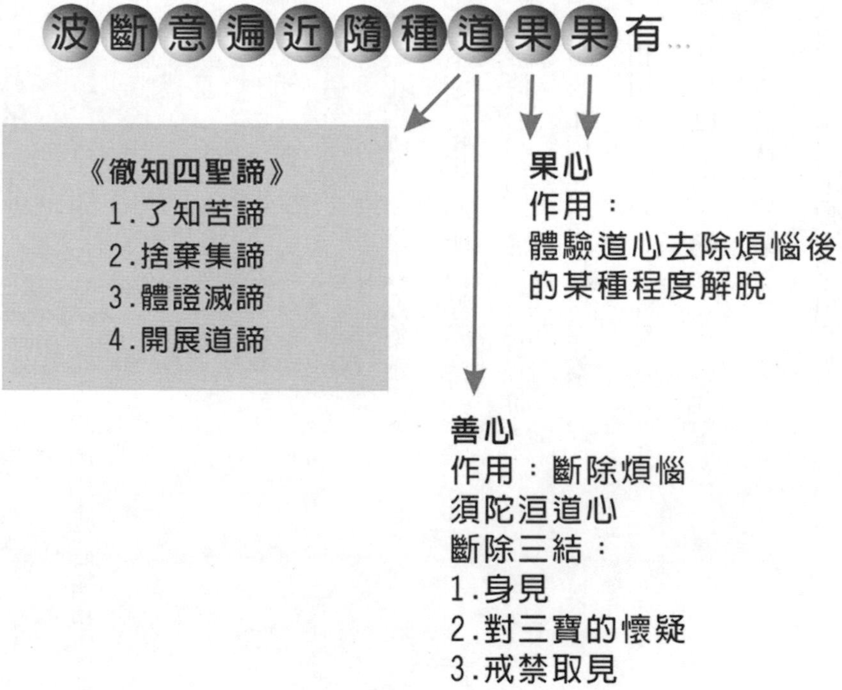

關鍵字：
波 有分波動　意 意門轉向心　近 近行心
種 種姓心　果 果心　斷 有分斷
遍 遍作心　隨 隨順心　道 道心
有 有分心

五、須陀洹道心生起的三十六心所

當須陀洹道心以涅槃為目標生起時，三十六個相應心所也緣取涅槃為目標同時生起。哪三十六個心所呢？分述如下：

1. 觸：令須陀洹道心和相應心所撞擊涅槃。

2. 受：體驗涅槃的寂靜。

3. 想：標記：「這是涅槃。」

4. 思：促使道心和相應心所緣取涅槃為目標。

5. 一境性：令道心和相應心所與涅槃合一。

6. 名法命根：維持道心和相應心所的壽命。

7. 作意：指引道心和相應心所朝向涅槃。

8. 尋：將道心和相應心所安止於涅槃。

9. 伺：將道心和相應心所不斷地安止於涅槃。

10. 勝解：確定：「這就是涅槃。」

11. 精進：支助道心和相應心所認知涅槃。

12. 喜：喜悅涅槃。

13. 欲：想要證得涅槃。

14. 信：對涅槃深信不疑。

15. 念：不忘失涅槃。

16. 17. 慚與愧：在證得道智時，斷除不善行之欲。

18. 無貪：不貪著涅槃是「我所有的」。

19. 無瞋：體證涅槃的愉悅心境。

20. 中捨性：平衡心與心所以便在緣取涅槃爲目標時，能和諧地同時作用。

21. 22. 身輕安與心輕安：在緣取涅槃爲目標時，相應名法皆輕安平靜。

23. 24. 身輕快性與心輕快性：在緣取涅槃爲目標時，相應名法皆輕快流暢。

25. 26. 身柔軟性與心柔軟性：在緣取涅槃爲目標時，相應名法皆柔軟可塑。

27. 28. 身適業性與心適業性：在緣取涅槃爲目標時，相應名法皆具適應力。

29. 30. 身練達性與心練達性：在緣取涅槃爲目標時，相應名法皆是善巧熟練。

31. 32. 身正直性與心正直性：在緣取涅槃爲目標時，相應名法皆具正直性。

33.～35.正語、正業及正命：這三種屬於八正道的戒支，各自執行斷除造邪語、邪行及邪命的傾向之作用。

36.慧根：徹見涅槃，並去除覆蓋四聖諦的無明。

因此，在須陀洹道心生起之際，有一個須陀洹道心和三十六相應心所體證涅槃。須陀洹道心是出世間心。

六、出世間心

出世間心有八種，四個出世間善心和四個出世間果心。

1. 四出世間善心

1. 須陀洹道心
2. 斯陀含道心
3. 阿那含道心
4. 阿羅漢道心

2. 四出世間果心

1. 須陀洹果心
2. 斯陀含果心
3. 阿那含果心
4. 阿羅漢果心

須陀洹道心永斷三結；斯陀含道心並沒有斷任何結，但欲貪和瞋恚都薄了，在這個階次，聖者至多在欲界再投生一次；阿那含道心斷欲貪和瞋恚，也斷兩個瞋根心，不會再投生欲界，如今生未證得阿羅漢，則投生無色界一次；阿羅漢道心斷除五上分結：色貪、無色貪、慢、掉舉、無明，也斷除剩下的五個不善心：四個與邪見不相應的貪根心和一個與掉舉相應的癡根心。於是所有不善心都摧毀了，再也不會在阿羅漢的心中生起。

所有八個出世間心都緣取涅槃爲目標，這八個出世間心分屬四果：⑴須陀洹，⑵斯陀含，⑶阿那含，⑷阿羅漢。證得以上任一果者就成爲聖者，每一聖者都可以進入與該道相應的果定（phala samāpatti），例如須陀洹道進入須陀洹果，斯陀含道進入斯陀含果。入果定的目標是體驗涅槃的至樂，聖者可依其決意入果定，最長可達七日。

七、果定

果定的心路過程如下：

欲培育果定，須陀洹聖者須觀照有爲法的三相——無常、苦、無我。當他要進入果定，他專注觀照三相的其中之一，做爲入果定的方法，直到果定心路過程（phala samāpatti vīthi）生起。有分波動兩次後即中斷，然後意門轉向心轉向那個三相之一，隨後遍作心、近行心及隨順心生起也是取同樣的相爲目標。接著是淨化心（vodāna），緣取涅槃爲目標，至此，淨化心取代種姓心，因爲須陀洹聖者已斷除凡夫種姓。然後須陀洹道心緣取涅槃爲目標，數以千計的剎那執行速行心的作用，

圖 14：果定心路過程

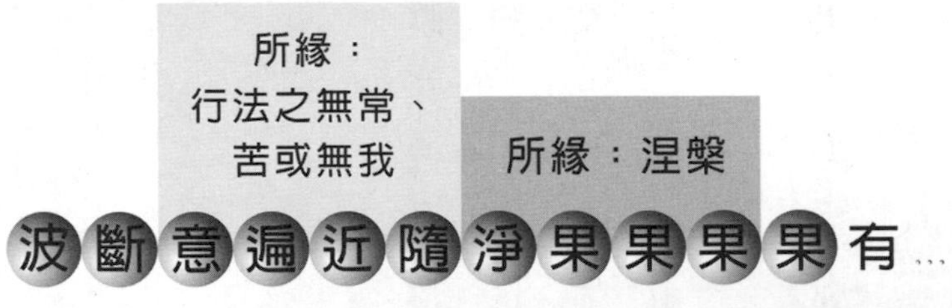

關鍵字：波 有分波動　意 意門轉向心　近 近行心
淨 淨化心　有 有分心　斷 有分斷
遍 遍作心　隨 隨順心　果 果心

依禪修者所願，可長達七日。最後，當禪修者自果定中出定，再度沒入有分心。

須陀洹聖者欲證得更高的果位，他必須一再觀照自身內外名色的三相或五蘊，直到斯陀含道心生起。在《持戒者經》（相應部22：122經）中，當摩訶拘絺羅（Mahā Kotthita）比丘請問舍利弗尊者如何如理作意觀照五蘊以進入斯陀含果，舍利弗尊者回答說：

> 持戒的比丘應該如理作意五取蘊爲無常的、苦的、病的、腫瘤的、箭的、禍的、疾病的、另一邊的、敗壞的、空的、無我的……這是可能的：持戒的比丘如理作意……則可能證一來果。

比丘再問如何如理作意觀照五蘊以證得阿那含和阿羅漢，尊者還是作一樣的回答。他說即使是阿羅漢聖者也要持續如理作意觀照五蘊，雖然阿羅漢聖者所作已辦，無可再辦，無可再加，然而，只要已修已證，還是如理作意這些事令他在此時此地現法樂住，也引生正念正知。

斯陀含、阿那含和阿羅漢的出世間道果心路過程，與以上所述須陀洹相同，不同的只是分別生起斯陀含、阿那含和阿羅漢的道心來取代須陀洹道心。

至此，四種究竟眞實法、涅槃和八出世間心說明完畢。

第二部

生死輪迴

7 死亡和投生的過程

臨終心路過程部分

一、死亡之相

心流如河水般一路綿延不斷在生命體中流動，從結生心到臨終心路過程。在臨終時刻，由於某一果報成熟，下列三相之一必定會呈現於臨終者六門之一的最後速行心路過程。

臨終時會出現的三種目標分別如下：

1. 業（**kamma**）

2. 業相（**kamma nimitta**）

3. 趣相（**gati nimitta**）

1. 業

業指過去所造作身、語、意的善業或惡業。一個人過去造下的善惡業，如果在臨終時成熟，便會出現於意門，有如當前發生的一般。例如：僧侶會再度經驗到自己正在講經說法，屠夫會看見自己正在宰殺動物，禪修者看到自己在禪修。

2. 業相

業相是造業時的一種形式、象徵或工具。對一位虔誠的佛教徒而言，善的業相包括曾供養僧伽的食物、寶塔、油燈、水果、花或袈裟等等目標或形象，也就是相應於即將投生何處的善巧行爲。例如有些人曾經造作令人讚嘆的善行，如：建造醫院、禪修中心，供養飢者、道場或修橋鋪路，那麼在臨終時刻，將會看到醫院、禪修中心、食物等的業相。

不善的業相可能包括刀、槍、斧、炸彈、毒藥，或造惡業時曾經用過的任何工具。這些業相包括了色、聲、香、味、觸、法等目標。曾經宰殺動物的屠夫可能聽到受難動物的哀嚎，或看到宰殺時所用的屠刀。

我最近聽說一位越南女士，死前感受到業相好幾小時，可能有幾天。她是屠夫的妻子，婚後可能也涉及屠宰。當她最後的日子近了，村人聽到她嚎叫如豬，這個死亡過程無疑非常難受。

3. 趣相

趣相顯示臨終者下一世將投生的去處。假如某人即將投生至不同折磨等級的地獄，他可能會看到黑狗追逐、青面獠牙的獄卒拖拉，或看到地獄之火冒出，他甚至可能大叫：「好熱！好熱！」

假如他即將投生人間，會看到在母親子宮內的紅血。即將投生至畜生界如猴子，就會見到森林。即將投生至天界，就會看到亮光、宮殿、車輛、平台，甚或聽到天樂，聞到天香。

我有一次在澳大利亞開示臨終之人所出現的相，法會後，一位施主走過來問我，她的先生臨終時一直喊：「好亮！好亮！」她以爲房間太亮，有礙他的平靜，急忙熄燈，但他直到死前都一直在重複同樣的話。她又說她先生罹患癌症，但因爲是禪修者，拒絕服用任何障蔽心智藥物，他到去世前都在禪修。我認爲他可能感受到散發不同程度光耀的天人靠近他。

這三相之一必定會在一切有情的臨終心路過程中生起，成爲臨終心路過程的目標。例外的只有解脫的聖者，因爲阿羅漢已不再生死輪迴。

爲什麼會出現其中之一種相呢？這是因爲過去業遇到適合的因緣條件，便導致了下一世的結生心。既然我們曾經造作過種種善和不善的業行，我們怎能知道哪一種業會優先成熟呢？

二、果報成熟的順序

依業產生果報的順序，共有四種業，即：

1. 重業（garuka kamma）
2. 臨死業（āsanna kamma）
3. 慣行業（āciṇṇa kamma）
4. 已作業（katattā kamma）

1. 重業

重業是強而有力的業，必定會產生下一世的結生心。重業有善業也有不善業。在善的方面，重業的就是證得色界禪與無色界禪，往生色界地或無色界地。

出世間道心也是一種重業，因爲它關閉了往生四惡道之門。在不善的方面，重業有五種，亦稱五無間業：

1. 分裂僧團
2. 出佛身血
3. 殺阿羅漢
4. 弒母
5. 弒父

除這五種重業之外，如果直到臨終，仍執著否定因果的堅固邪見，也會成爲重業。如果在這一期生命中棄捨了這種堅固邪見，就不算重業。

這裡有一則描述不善重業是如何導致投生地獄的故事：

提婆達多（Devadatta）和阿難（Ānanda）一樣，都是佛陀的表兄弟，但他不像阿難，他嫉妒佛陀擁有比自己更多的尊重及供養。因此，他渴望代替佛陀領導僧團。就在癡、嫉妒、瞋等不善心所的影響下，他企圖殺害佛陀。

有一天，趁佛陀於王舍城（Rājagaha）附近的靈鳩山山腳下經行時，提婆達多由高處推下

一塊岩石，意圖殺死這位無上正等正覺的佛法導師。他失敗了，因爲佛陀不可能遭殺害。但他依然試圖傷害佛陀，結果，岩石的碎片打傷了佛陀的腳，使佛陀流血並感到劇痛。這就是提婆達多所犯的第一個重業。

殺害佛陀失敗後，他嘗試展開另一個策略。他在比丘們舉行波提木叉（Pāṭimokkha）時，帶領一群新進的僧伽隨他離開，試圖分裂僧團的團結。不過，佛陀的上首弟子舍利弗尊者及目犍連尊者，很快又將大部分的僧伽帶回僧團。這是他所犯的另一個重業，導致他過早死亡後，立刻投生地獄。據說他由於急病而亡，他希望懺悔並對佛陀道歉，但業太重了，以致他無法及時趕到佛陀處。註釋書說，在死前，他被大地給吞噬，並墮入最不幸、最難以忍受的阿鼻地獄（Avīci）裡①。

下面還有另一些重業的例子。阿闍世（Ajātasattu）王子受到提婆達多的慫恿，殺害父王頻毗沙羅（Bimbisāra）王，以便篡位，與提婆達多共同統治政教合一的國家②。雖然阿闍世王培育了足夠的波羅密（pāramī，指目標爲體證涅槃的功德善業），可以當生證得須陀洹道果，雖然他聽了佛陀的開示，雖然他的大臣也都證須陀洹道果了，他卻做不到。雖然他與大臣坐在一起，聽著一樣的話語，他的重業卻阻礙證果。這是因爲任何人犯下任何一個五逆罪，餘生都不可能證得禪那和出世間法。

2. 臨死業

臨死業是在臨死前的最後一個心路過程即將生起之前所憶起，或所造的業行。若無重業，則臨死業會優先成熟。

這裡有數則故事，可看出臨死業的影響有多麼強大。其中一則是瑪塔侃達理（Maṭṭakuṇḍalī）的故事。瑪塔侃達理是一位吝嗇大富翁的獨生子，即將死於黃疸病，這是由於父親不願花錢延請醫生。這位父親甚至還將他垂死的兒子移置大門口，以防來探訪兒子的親戚朋友入屋來，瞧見他的財富。

此時，佛陀以天眼通觀察到這可憐男孩的悲慘困境，出於悲心，便出現在他的面前。當瑪塔侃達理看到佛陀，心中充滿無比的喜悅和極度的虔誠。就在那個時刻，他帶著對佛陀甚深的

①見《法句經．註釋書》。
②同上。

信仰往生並立即投生至天界。爲什麼會造成這戲劇性的果報呢？這是因爲瑪塔侃達理於死亡前在心中所造的善的臨死業③。

另一個臨死業的例子是帕奧禪林的緬甸比丘，這位隱者生來頭頂上就有一道疤，當他抵達禪林並開始禪修緣起，他能夠看到自己的前世。他原是強盜，終於被捕並受了刑罰，刑罰是放在冰袋內被棍杖打，挨打的時候，其中一棍在他頭頂打裂了一個口子，然後他還在袋子裡就被扔入河中。

然而就在快要淹死的時候，他很幸運地清楚記起有一天遇見一位托缽的比丘，在堅定的信仰下，他將全數食物供養給比丘，起了強大的思心所，祝願：「以此供養功德，願我如你一般，證你所證。」

業的運作往往不爲人了解，複雜到只有佛陀才能完全了知其後果、例外、阻礙因素。這個故事只能說比丘前世做強盜，導致痛苦的果報，頭頂的疤痕爲前一世生命被殘暴地了結做了沉默的見證。（胎記的現象在西方科學研究成爲顯學，證實了過去世的事實。）

這必定是強盜最後記憶是善的臨死業，才引他幸運投生人趣，而且生在一個佛教國家，有機會如他前世所願，自然是他供養給一位大修行者所致。我們千萬不要小看微小的事情，布施者強大的思心所和受供者的戒德是關鍵。佛陀曾說，供養有戒德者和聖者的果報，比供養凡夫來得大。

我們可能不同意，強盜在這一生造了許多惡業，但只要記起一個好的業行就可以拯救他下一世不落入惡趣。我們應該了解結生心受臨死業的影響很大。臨終時，清楚記憶一個好行爲，強大到可以引生善趣。最後一念善念可以往生善趣，而最後一念惡念可以往生惡趣。

然而，這並不是說強盜這一生作的惡業都成爲無效業，業力只是隱伏不起，等待機緣成熟，只要這個人仍在生死輪迴中，果報就會現形。

下面的例子，說明不善的臨死業所產生的影響。在佛世，有一位比丘受供養一件上等質料的袈裟，他非常喜愛並執著這件袈裟，但還沒機會穿上就去世了。因爲臨終時強烈的執著心，他死後投生爲一隻跳蚤，住在他最喜愛的袈裟褶層中。喪禮結束後，比丘們要將他的衣物分發出去。就在這個時候，佛陀以天耳通聽到那隻跳蚤因自己的財物被發放外送而發出悲痛的叫聲。於是，佛陀請阿難尊者暫緩七天再行分發，因爲世尊知道跳蚤執著袈裟，如此時將袈裟取

③見《法句經．註釋書》。

走，跳蚤的瞋心會導致他下一世投生地獄。七日後，他歷生所累積成爲比丘的善業成熟，於是他投生至兜率（Tusita）天④。在這個例子中，這位比丘爲棄絕執著而出家，卻仍會執著於微小的資具。

因爲執著會延續到臨終時刻，足以導致投生至畜生界，雖然可能非常短暫。我們看到，只要執著任何財物，以爲自己擁有，即使是一件衣裳，都可以成爲執著的目標而墮落惡趣。擁有眾多財物和家人的人，眞需要不時注意自己有沒有比一般人更強烈的執著！

另外有一位西方戒尼的經驗，她的前五世是男天神，侍候一位身量較大、威力較高的天神，並愛上了一位女天神，但女天神遺棄他而投向另一位威力較大的天神，他的心開始被憤怒和嫉妒所燃燒，故命根很快被切斷了。由於臨死業是瞋心污染的心，這位天神自然往生於餓鬼道，生活於黑暗之中。

在此我們既然已經明白善的臨死業會使人投生善趣，親戚、朋友就應該避免在臨終者面前哭泣或爭奪遺產，因爲這樣會干擾臨終者心的平靜，導致悲劇的果報。相反地，眷屬應該盡力打造一個充滿支援和愛的環境，讓環境成爲助緣，幫助臨終者善的臨死業成熟。

例如，以臨終者的名義布施給他喜愛的一件善事或一個機構，讓他知道而心生歡喜，還可以：

- 將佛像放置在他看得見的地方，讓他心生信仰及喜悅；
- 用鮮花或焚香來布置環境，顯得安詳而平靜；
- 邀請僧伽或善友來助念守護的誦文（paritta）或誦經（sutta）；
- 對他散發慈心；
- 引導他的心緣取他平時修行的業處，如入出息念；
- 提醒他以前所造的善業等等。

這些種種安排的用意是爲了激起臨終者的善念，讓他能安詳、歡喜往生，精神振奮，以確保他下一世能投生善趣。

當一個人投生善趣，如人間或天界，就會有許多的機會培植善行。而只要人們累積了許多善業，那些隨著累世輪迴積聚的惡業力量就會轉弱，不會快速成熟。縱使成熟了，也會因爲善業的支助而減輕果報的力量。就如在鹽水中加注清水，鹽的成分就稀釋了。

④見《法句經．註釋書》。

3. 慣行業

慣行業是指時常造作的善或惡的身、語、意行。對獵人而言，他的慣行業是獵取動物；對醫生而言，是醫治病人；對虔誠的基督徒而言，是向上帝祈禱；對忠實的人而言，是說實話；對慈愛的人而言，是向每一個人散發慈心；對虔誠的佛教徒而言，是以四事❶供養僧伽、持守五戒或八戒、聽經聞法、修習止禪或觀禪、以花、燈和香供佛，或研讀佛法。

在此，舉《法句經》第224偈中的例子說明不同的慣行業是如何在下一世形成果報。有一次，目犍連（Moggallāna）尊者訪謁天界，發現許多天神住在豪奢的大宅中，他問天神造了什麼善業而生於天界，他們作了不同的答覆。有人是因爲說誠實語；一位女天神說，雖然主人常虐待她，她從不生主人的氣，對主人也沒有惡意；還有其他是因爲幫助需要幫助的人。

還有另一個不善慣行業的例子，是帕奧禪林一位修行者，當他追溯前二世的因果時，他是一位比丘，有個惡習性就是喜歡批評其他比丘吃肉，尤其是牛肉。他尖苛的言辭是發於瞋心，在心流中意門心路過程產生許多速行心。臨終時，這個不善業成熟，一頭牛成爲臨終心路過程的業相，接著，他去世了，投生成一頭牛。這頭牛憶起牠前世做比丘時的惡語行，雖然不能說話，卻經常掉淚。幸運的是在死亡時，牠前世做比丘的一些善業成熟，基於做比丘持戒和禪修的善慣行業，牠終能在今生投生爲人。

從這個例子中，我們了解到，一生中所造之業並不見得會在下一生產生結生心。兩生以前，甚或多生以前的業，也可能在臨終時突然得到足夠的助緣，如同種子終於遇到一切需要的條件使它成熟，引生新生命的結生心。

沒有臨死業和重業，慣行業即產生果報，成爲下一世投生處的主因和助緣。最好的慣行業就是修行止禪與觀禪。假如我們能培養隨時專注於禪修業處的習慣，臨命終時，我們的作意比較會有自覺的控制，意念自然會回到禪修目標上。善慣行業有很多重要性，其中很重要的是，至少它可以成爲善的臨死業，有力量投生善趣。害怕往生惡趣的人應努力守護心，心是一切的先導，惡趣反映心的負能量。

4. 已作業

已作業是指除了前述的三種業之外的業，強大到足以決定下一世投生何處。

❶四事指衣服、飲食、臥具、醫藥。

佛陀用了牛欄裡的牛的例子來比喻四種業。當過去業成熟，這四種業有一個自然的順序。譬如有許多牛晚上被關在大牛欄裡，到了早上，把柵門打開讓牛群出去吃草，想想哪一頭牛會先出去？

假如其中有一頭特別強壯的大牛，當然會先走出去，這有如重業，肯定會產生下一世的果報。若沒有特別強壯的大牛，最接近柵門的牛就會先出去，這有如產生下一世果報的臨死業。如果有一頭牛時常保持警覺，不斷注意柵門何時打開，就會在即將打開柵門之前移靠柵門，門一打開就先走出去，這就有如產生下一世果報的慣行業。有時，某隻弱小的牛，並沒有特意挨近門邊，但在其他強壯的牛突然推擠下，也可能先走了出去。這就有如一個未料想到的已作業得到成熟的機會而產生下一世的果報。

三、臨終心路過程

臨終心路過程⑤（maraṇāsanna vīthi）是如何生起的呢？臨命終時，某種業會成熟，也許是臨死業或慣行業，並且會以業相或趣相在臨終者的六根門之一呈現。

讓我們來看看帕奧禪林的一位禪修者的例子。他能夠憶起上一世，是一頭被豢養的豬，住在緬甸的一座小農場，牠的主人每天都遵循傳統供養食物給托缽的僧人，我們多數人以爲動物能夠這樣、不能夠那樣，剛好相反，豬看到主人供養就非常高興。

臨終時，爲他人喜悅的慣行業成熟，趣相呈現，牠在臨死意門心路過程中，看見母親子宮內的紅色。帕奧禪林的禪修者憶起前世，似乎看到的趣相都是紅色，意味投生人間。

臨終心路過程發生如下：

首先，有分心生起二次，即有分波動和有分斷，然後意門轉向心生起，並轉向紅色目標，接著是五個速行心，迅速地體驗紅色目標。

⑤對臨終心路過程的解釋，請見圖15。

圖 15：臨終心路過程

關鍵字：	死	死亡心	結	結生心
	波	有分波動	斷	有分斷
	意	意門轉向心	速	速行心
	彼	彼所緣	有	有分心

一般欲界速行應該是生起七次。但是臨終時由於心所依處的力量變弱，臨終心路過程的速行只生起五次。這最後的速行過程不像一般速行心會造業，缺少原本有的造業能力，只能做爲成熟過去業的管道，準備往生。五個速行之後，兩個彼所緣生起滅去兩個剎那（也可能不會生起）。至此臨終心路過程結束。

然後，心沒入有分心流（也可能不會生起）。接著死亡心（cuti-citta）生起，它是一期生命的最後一個心，它執行從現有的生命體死亡的作用。死亡心是離心路過程，因此它緣取的目標與臨終心路過程不同。

死亡的正式定義是命根被切斷，死亡心之後，無間便是結生心及其伴隨的心所生起，緣取的目標與前一世臨終心路過程相同（這裡是指紅色）。

從這裡我們可看出，下一世的投生並非由最後剎那的死亡心來決定，死亡心本身是果報心，而是由過去業，令在臨終心路過程出現趣相（這裡是指紅色）。然而，過去業並不一定指前一世產生的業，可能是兩世以前，如比丘投生爲跳蚤，也可能是百萬世以前。

結生部分

四、當今對前生後世的三種見解

死後是什麼情況？當今有三種主要的見解：

1. 根據唯物主義，生命只是分子，只是物質，心不過是物質的副產品。死後，一切心識結束，生命過程完全滅去。除了死去的物質，沒有任何遺留。
2. 多數西方宗教持相反的看法，相信永生，人類在地球上只活一生，然後永生於地獄或天堂，全看現生的道德和行為如何。
3. 東方宗教相信生死不已，看法是：現生只是無始以來生死輪迴的一個短暫剎那。印度教相信投生，但有一個永恆的靈魂由一個身體遷徙到另一個身體。佛教不相信靈魂流轉，生命輪迴乃是根據因果，在這持續的過程中，並沒有永恆的個體或靈魂。

五、若沒有靈魂的流轉，生死如何發生

問題來了，要是沒有靈魂從這一世流轉到下一世，生死如何發生呢？繼續講豬的故事吧。

緊接著死亡心之後，間不容髮，下一世的結生心即刻在人世間生起，緣取上一世臨終心路過程相同的紅色爲目標。結生心是由過去世的業所產生，此業是由潛伏的無明與潛伏的渴愛所推動的，這兩根造成現在世的生命。結生心的作用是把前一世與現在世連結起來，並沒有一個靈魂從過去世轉移或漂泊至新的色身。當我們借一盞燈的火，點燃另一盞燈，從來不會想：這燈火是從另一盞燈流轉而來的，只會想：靠著第一盞燈，才點亮第二盞燈。說有一個常存的靈魂從這一個生命遷徙到另一個生命，是一種邪見，稱爲「常見」（sassata-ditthi）。常見認爲整個生命常恆存在，因爲沒有正見，看不見一切靠著因緣條件不斷生滅。我們知道，心在幾萬億分之一秒內生滅，沒有連續兩個刹那生起的心是相同的（更不用說兩個連續的生命體了），生命只是心的轉起和靠因果律維持的過程。

然而，雖然每個心生起並滅去，但心上所記錄的印記都會傳遞給下一個心，傳下它所體驗到的。我們所經歷到的一切心念和經驗都會在心流相續中留下印記，並形成習性和根性。例如一位戒尼朋友告訴我，年輕時，她總是沒來由地有自殺的念頭，後來她看到了過去世，發現有一世她以自殺結束生命。那個經驗在她心相續流上留下印記，使她傾向於自殺。另一位英國戒尼的例子是，當她修行緣起，她憶起有一世是猴子，生爲猴子的習性留到這一世，於是她很愛爬樹，也常常爬，雖然身爲女孩子，有時還爬到很高。童年花了很多時間在她最愛的樹上，她老想從一棵樹盪到另一棵，卻做不到，這讓她有些喪氣。還記得我前面提過那位西方戒尼前世是天神，卻死於憤怒嗎？她也跟我提到她這一世仍感到前五世憤怒的影響。這一世，她是瞋行人。

雖然根本沒有一個自我，這樣傳遞過來的前世經驗，還是給我們錯誤的認知。我們無法知道過程相續是根據因緣條件而生起的，因此誤以爲有一個靈魂從這一期生命遷徙到另一期生命。這樣的錯誤認知，也發生在佛世。有一位比丘名叫嗏帝（Sati），他由於邪見而宣稱：「同一個心識在生死輪迴中漂泊而且流轉。」其他比丘試著讓他割捨這有害的邪見，卻沒有成功，於是去報告佛陀。佛陀便召喚嗏帝，問他：「嗏帝，你所說的心識是什麼？」嗏帝回答：「世尊，是那個會說、會感受並隨處體驗善與不善業所帶來的果報。」佛陀譴責他的無知：「愚鈍男子，你從誰了知我這樣教導法？愚鈍男子，我不是以許多法門說識是緣起的，除了經由緣以外，沒有識的生成嗎？然而，愚鈍男子，你以自己的誤解來誹謗我們，並傷害自己，產生許多非福德，因爲，愚鈍男子，這對你將有長久的不利與苦。」於是佛陀爲他開示緣起，說明一切有爲法根據因緣條件而生起滅去。見《渴愛的滅盡大經》（中部38經）。

反過來，若認爲前一世的名色在死亡時永久斷滅，絕對不會在新的一世中持續，則是另一種邪見，稱為「**斷見**」（uccheda diṭṭhi），否定輪迴。斷見認為有情死後，個體存在就徹底斷滅，新生的個體與過去世一點關係也沒有。持斷見的人沒有正見，看不到因緣使諸行生起。其實只要因緣沒有滅去，果就會不斷生起。因此，我們必須要非常小心，不要墮入這兩種邪見⑥。佛陀摒棄這兩個極端，而說中道，宣稱：**緣於無明，故行生起；緣於行，故識生起；緣於識，故名色生起**等等。

新一世的名色是過去善或惡業的**果報**，而這些過去業是根源於**無明**與**渴愛**。當我們在山谷中大聲喊叫，就會聽到回音。這個回音並非原來的喊聲，卻也不會跟原來的喊聲兩不相關。同樣地，新生命與舊生命並非同一，卻也不是兩不相關。

隨著結生心的生起，身十法聚、性根十法聚、心所依處十法聚等色法也生起（見圖16）。要知道，結生心必須由心所依處支助，才能生起（除了無色界）。

在結生心之後，有分心生起，緣取與前一世最後速行過程相同的目標（即母體子宮內的紅

⑥《相應部．因緣篇．迦旃延經》：「迦旃延，世間有兩種依，若有，若無……世間集，如實正知見，若世間無者不有；世間滅，如實正知見，若世間有者無有。」

圖 16：死亡與結生之過程

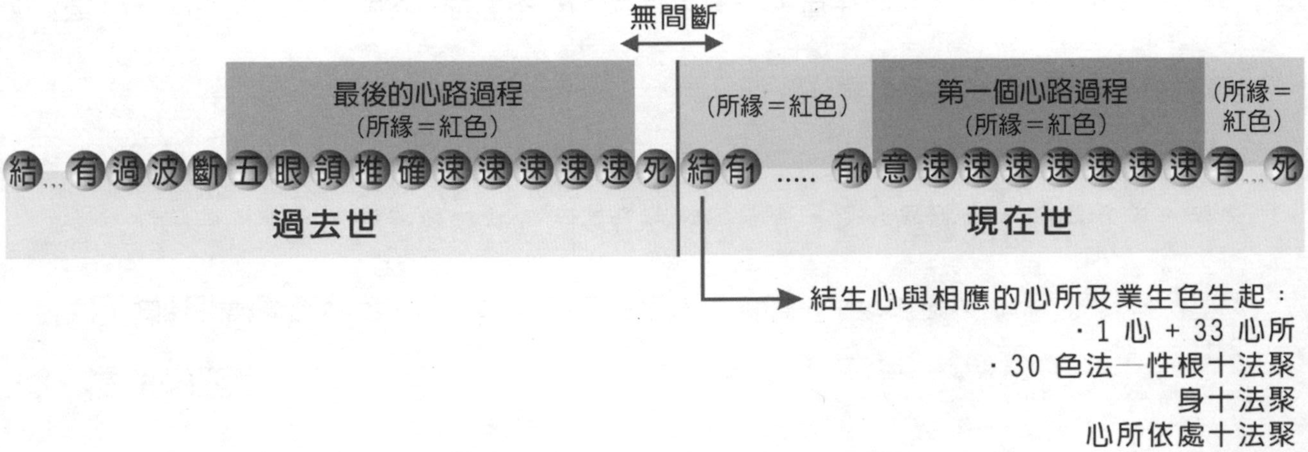

關鍵字：

死 死亡心	結 結生心	過 過去有分
波 有分波動	斷 有分斷	五 五門轉向心
眼 眼識	領 領受心	推 推度心
確 確定心	意 意門轉向心	速 速行心
有 有分心		

色）。結生心也是有分心，兩者皆爲同一個業的果報心，並且緣取前一世臨終心路過程同一目標。在十六個有分心依序生滅後，一生中的第一個意門心路過程生起，緣取結生心爲目標，執取新的生命。在此一新生命的第一個心路過程中，產生了對新生命的貪著。**新一世裡的第一個心路過程，無視於生命的實相，渴望新生命的生存與維持**（見圖16）。

六、結生之因

每一位眾生都貪愛生命，這就是佛陀開示的第二聖諦——苦集聖諦：

> 是這導致再生、伴隨歡喜與貪，到處歡喜的渴愛，即欲的渴愛、有的渴愛、虛無的渴愛。
>
> ——《法輪轉起經》（相應部56：11經）

即使在天界的阿那含聖者已根除欲愛，也仍渴愛色有和無色有。渴愛是潛藏在心流中一股強大的力量，這股力量強大到足以推動一世又一世流轉於生死。其實，佛陀證到無上菩提後，立即在心中以喜悅的詩歌讚頌，認定這眞理：

久遠劫來的生死輪迴，我徘徊其中。
尋找，卻始終找不著這造屋者（渴愛），
一再地輪迴是痛苦的。
喔！造屋者⑦，你已被找著，
你再也不能造屋⑧。
諸椽⑨已斷，橫樑⑩已碎，
我的心已到達無爲之境⑪。
一切貪愛皆成灰燼。

——《法句經》第153、154偈

⑦造屋者為渴愛。
⑧屋為色身。
⑨椽為貪欲。
⑩樑無明。
⑪無為之境為涅槃。

新生命的第一個意門心路過程生起，六根門還沒有發展完全，已經開始貪著新生命了。心路過程結束，有分心再度生起以保持生命流不會中斷，同時，五門心路過程和其他意門心路過程生起。只要沒有心路過程生起，有分心即會不斷地生滅，有如河水之流一般，直至新生命結束，死亡心再次生起。

現在世的死亡心，跟結生心、有分心一樣，都是緣取紅色爲目標。因此，在一生當中，結生心、有分心及死亡心，都是緣取同一個目標，即前一世最後臨終心路過程的目標。至此，我們明白，死亡心在結生時已經決定，而且結生心、有分心、死亡心其實都是同樣的心，只是在不同的時間執行不同的作用。正如一個女人，可以是母親、妻子、女兒，或是女企業家，分別在不同的時間扮演不同的角色。

心之流如無盡的河流，有時急湍，有時寧靜到看不出流動，如此，從受孕流到死亡，又從死亡流到新一世，有如車輪一般次第轉起。生命就是無始以來在生死輪迴中這樣不斷流轉著。智者不貪戀瞬息變化的生命，精進努力，證得不死之境，完全斷除渴愛之結，獲得寂靜。

七、結生人趣

在父精母卵結合的第一剎那，結生心及其相應心所，與伴隨的色法同時生起，根據前一世死亡時所成熟的果報業。

至於凡夫的投生，其結生心必定是欲界八種與智相應或是與智不相應的果報心，取決於此人所造之業。只要我們因了知業的法則而歡喜行善，臨終時，若此善業成熟，並產生果報，那麼他直接的果報就是下一世結生心爲三因，伴隨三十三心所（七遍一切心心所、六雜心所、十九美心所、一無癡心所）。凡夫的結生心若與智不相應，或二因（只有三十二心所），那麼，縱使努力精進，這一世仍然無法證得禪那或道果，這是因爲結生心缺少慧根或無癡心所，正是證得禪那或道果的必要心所。

在結生的第一剎那，身十法聚、心所依處十法聚、性根十法聚生起，心所依處同時也是業生色，成爲結生心的所依。根據阿毗達摩，性別在結生的那一剎那就已經決定，取決於個人的過去傾向或發願要做男性或女性。根據個人不同的原因，有人願當女性，有人願當男性。例如悉達多太子的妻子耶輸陀羅（Yasodhara），許多世以來，她發願在輪迴中成爲菩薩的忠誠伴侶，並協助他滿願直至成佛。

我個人認識一位緬甸戒尼，有宿命通，可看到自己的許多前世，她告訴我她無數的前世都是女性，因爲她只想投生爲女性。

八、結生色界地

結生於色界地，則有不同的名色。當一位修止的行者修行入出息念，證得禪定，譬如初禪，並且於臨命終時，仍能進入初禪，他的臨終心路過程，請參閱下圖：

首先，有分波動及有分斷。接著，意門轉向心生起，取禪那似相[12]爲目標，在這種情形之下，似相也是業相。五個速行心隨後生起，快速地認知似相目標。接著是死亡心，它是這一世的最後一個心識。死亡心滅盡之後，結生心在初禪（色界）的三天之一生起，緣取相同的似相爲目標。

色界的梵天的結生方式是「化生」，祂不需要一個子宮做爲孕育處[13]。如果禪修者在死亡時進入初禪，那麼，這位梵天，也就是色界眾生，祂的結生心就是初禪的果報心，具有三十三個相應心所及三十九種業生色——眼十法聚、耳十法聚、心所依處十法聚及命根九法聚。色界的名色都由前一世的業產生，同時，眼根、耳根已經具足成形。結生心之後，十六個有分心依

圖 17：梵天死亡與結生之過程

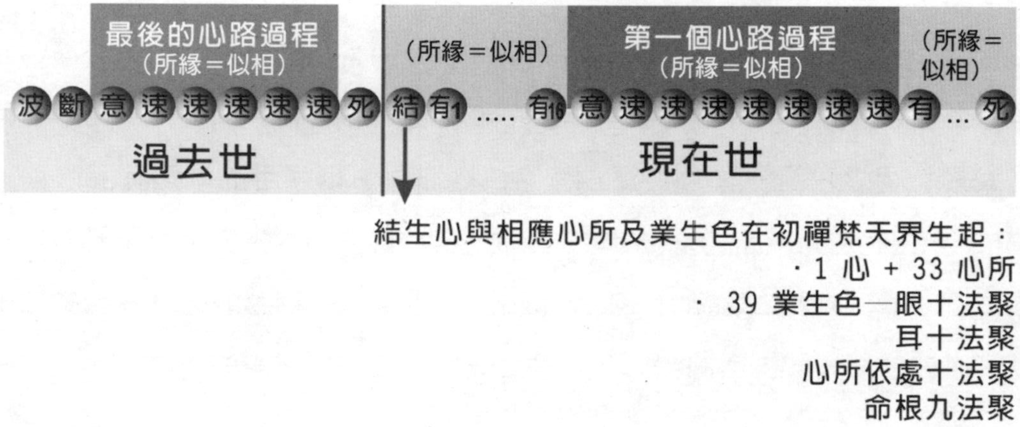

關鍵字：死　死亡心　　波　有分波動　　速　速行心
意　意門轉向心　　結　結生心　　斷　有分斷
有　有分心

⑫ 見第十章入出息念部分。

⑬ 佛法說有四生：卵生、胎生、濕生、化生。

序生滅，也緣取相同的似相為目標。然後，新一世的第一個意門心路過程生起，並貪著新生命。當此心路過程結束後，心會再度跌入有分心以維持生命流不斷。只要沒有心路過程，有分心就這樣不斷流動，直到死亡心生起，也緣取相同的似相為目標，於是這位梵天的生命體死亡。然後下一世，結生心生起，心一再不斷從結生流向死亡。

九、我見的產生

無論生為人、天神、餓鬼、動物或色界天的梵天，從究竟的意義來說，這些所謂的有情眾生，都只不過是名色的聚合體罷了。在結生的那一剎那，五蘊就已經呈現⑭。阿毗達摩所謂的名色，就是經中所說的五蘊。名法包括受蘊、想蘊、行蘊、識蘊四名蘊，色法即色蘊。

由於受到無明遮蔽實相的影響，凡夫把這些剎那變化而且不斷生滅的五蘊當做「我所有的」、「我」或「自我」，因此產生渴愛與邪見，痛苦亦隨之而至。人們總是認為色法或身體是自我，或自我擁有身體，或身體是在自我中，又或自我是在身體中。因此人們會說：「我就是這個身體，這個身體就是我。」完全被自我的邪見矇蔽了。這就是我們如何依於五蘊而生起我見和渴愛。

因爲被這個身見所矇蔽，所以身體一旦有所變化，人們就會感到難過、哀傷、悲痛和絕望。因此，佛陀說苦聖諦就是五取蘊。

現在我們可看出，一切眾生爲什麼出生於苦，而且爲苦所生。然而，根據佛陀的論理，世間沒有一件事件或現象沒有起因，整個世間就是受因果論決定，苦有因有緣。既然五取蘊的果報在結生第一剎那就生起，我們看到結生是上一世就決定的。

爲什麼五取蘊的果報在結生第一剎那就生起呢？根據緣起法（paticca-samuppāda），業根源於無明和渴愛，而產生五取蘊，這個業是過去某一世所造作的，同時現在世五取蘊的一切因緣又剛好具足。

讓我們來討論緣起法，它會告訴我們如何、何時、爲何這樣決定。

---

⑫見第十章，入出息念部分。

⑬佛法說有四生：卵生、胎生、濕生、化生。

⑭除了色界地的無想有情天的衆生，只有一蘊；無色界地的衆生有四名蘊，卻沒有色蘊。

8 緣起

「我從哪裡來？」「我往哪裡去？」的問題讓人類關心了好多世代，多是因爲答案總不確定。這個「我」是世俗諦，是被普遍接受的說話方式，也幾乎是每個人所珍愛的，佛陀解決這個問題的方式是解說他所重新發現的緣起法①。

緣起法即因緣，目的在顯示一個「人」或名色在生命之輪中流轉，不斷經歷生與死。輪迴的因緣一旦止息，苦即止息。

一、緣起法的理則

緣起法的理則是：「此有故彼有，此生故彼生，此無故彼無，此滅故彼滅。」

更精確地說，緣起法解釋無明緣行；行緣識；識緣名色；名色緣六入；六入緣觸；觸緣受；受緣愛；愛緣取；取緣有；有緣生、老、病、死、愁、悲、苦、憂，惱。因此生起純大苦聚。

緣起包含十二支相互關連的因素，它們只是名色，每一個因素完全依靠其他因素的支助，同時也支助其他的因素。我們首先來探討每一支的意義，再揭示它們相互的關係。

二、緣起支

1. 無明

無明的特相是心的盲目或不知，作用是迷惑，現起是不能徹知或障蔽了目標的眞實本質。根據以上開示，無明是

圖 18：緣起的輪轉

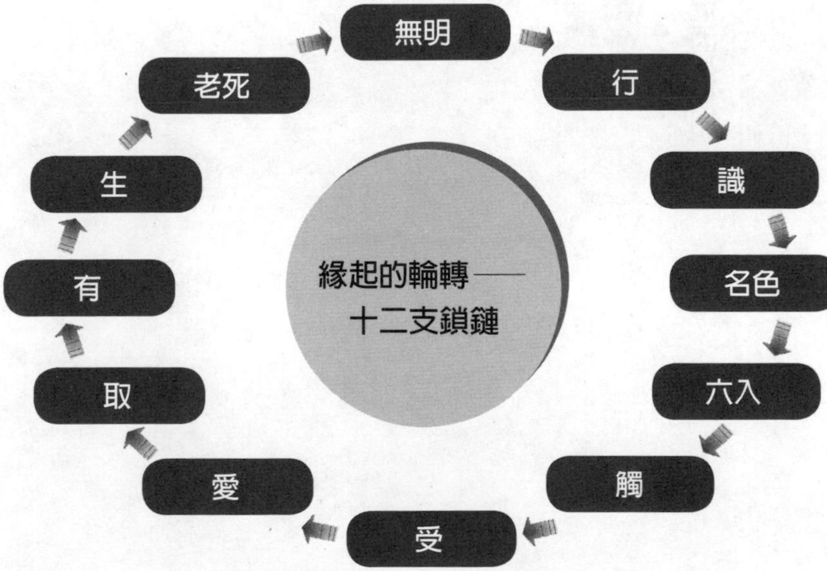

①此處有關緣起法的闡述，大體根據覺音尊者的《清淨道論》。

不知四聖諦，但根據阿毗達摩，無明是不知下列八事：

1. 苦聖諦
2. 苦集聖諦（苦的原因）
3. 苦滅聖諦（苦的息滅）
4. 導向苦滅的道聖諦（滅苦之道）
5. 過去五蘊
6. 未來五蘊
7. 過去五蘊與未來五蘊
8. 因緣法則，包括業力及其果報

2. 行

行的特相是形成，作用是累積，現起是思心所，近因是無明。

根據阿毗達摩，諸行有三類：

1. 非福行

它是與十二不善心[②]相應的思心所，即八貪根心、二瞋根心、二癡根心。包括一切身、語、意的不善行。

2. 福行

分為兩類：

(1)與八欲界善心[③]相應的思心所，即四與智相應、四與智不相應。包括身、語、意的善行。

(2)與五色界善心相應的思心所。是由修習止禪而證得的初禪至五禪。只有意行，沒有身行和語行。

3. 不動行

與四無色界善心相應的思心所。此屬無色界禪那心，只有意行，沒有身行和語行。

②見附錄一。
③見附錄二。

3. 識

這裡的識指**果報心**，包括結生心和在有情生命期間生起的心。

結生心是生命投生於欲界、色界或無色界的第一個心，作用是連結前一世和現在世。結生心既非從過去世流轉而來的同一心識，也非從過去世到現在世完全不同又無關的心識。前一世死亡心滅去，結生心生起，連結前一世和現在世，正確地說，從死亡心到結生心是一個過程的轉起。

舉一個例子。我在緬甸的同參道友，一位戒尼，在她前兩世，定期供養食物給僧伽，在臨終時刻，善的趣相生起，一位天神（天使）出現在臨終心路過程。過程包括有分心生起滅去，接著一個意門轉向心，五個速行心，兩個彼所緣心順序生起，緣取同樣的天神目標。然後，一剎那的死亡心生起、滅去，沒有間斷，因這是持續轉起的過程，結生心在新生命中生起，這個例子的新生命出生在天界。

於是，結生心與上一世並不是同一心識，也並非完全無關。並沒有一個延續的有情眾生從這一世到下一世，雖然在世俗上看似如此，就究竟的意義來說，並沒有一個持續存在的靈魂或自我，但同樣的業繼續運作，產生果報。

在一個生命體的生命過程中產生的心識，包括五根識等等。

4. 名色

這裡的「名」僅指相應心所，並不包括前述所言的心識；色指業產生的四大元素及四大所造色。

5. 六入

六入指眼、耳、鼻、舌、身和意六入處，前五個是眼、耳、鼻、舌、身淨色，意入處不是一個生理的入處，而是指果報心。

6. 觸

眼處、色所緣和眼識和合稱爲觸。觸有六種：眼觸、耳觸、鼻觸、舌觸、身觸及意觸。

7. 受

受有六種：眼觸生受、耳觸生受、鼻觸生受、舌觸生受、身觸生受及意觸生受。

每一受的體驗可分為：樂受、苦受及不苦不樂受。身體或心理感到愉悅或滿足，就是樂受；身體或心理感到痛苦或難以忍受，就是苦受；身體或心理感到既不愉悅也不痛苦，就是不苦不樂受。見《毗陀羅小經》（中部44經）。既然六觸生起三種受，因此有十八種受。

8. 愛

愛在字面上的意義是「渴」，與貪心所是同一個意思，雖然它的特相是緊抓住目標，其實是渴望感受。因為受有六種，故愛也可分為六種：色愛、聲愛、香愛、味愛、觸愛及法愛。每一種愛又可依下列生起的三種模式而分為三類：

1. **欲愛（kāma-taṇhā）**：純粹只是渴愛愉快、美麗、享樂的感官欲樂。
2. **有愛（bhava-taṇhā）**：與「常見」相應（認為生存和享樂是永存的）。
3. **無有愛（vibhava-taṇhā）**：與「斷見」相應（認為眾生死後生命皆會滅盡，而且沒有進一步投生和業的果報）。

9. 取

取是牢牢抓住；是強化了的愛。因爲執著很強，所以不能輕易放下，特相是緊抓，作用是不肯放開，現起是渴愛和無明的強化形式。

取共分爲四種：

1. 欲取（**kāmupādāna**）：這是感官的欲望、貪愛、執著、沉迷，並喜愛六欲之樂，到放不下的程度。欲望的六種目標是：色經由眼根，聲經由耳根，香經由鼻根，味經由舌根，法經由意根——都是愉快、討喜、讓人喜愛、可愛、叫人著迷，伴隨著渴愛。

凡是依於六種欲目標而起的享樂或快樂，叫人放不了手的，就是對欲樂的取。

2. 邪見取（**diṭṭhupādāna**）：這是懷著有害的見解，如布施、供養、犧牲、慈善行爲沒有價值；善或不善的行爲都沒有果報；沒有此世也沒有來生；是否孝順父母都不具特殊意義；眾生不是依自然因果業報投生；沒有苦行沙門或婆羅門能藉直觀而通曉此世、後世，並對他人宣說。換言之，不信有業有報，否定戒、道德、自制的價值，否定道智的可能。這些見解，一旦深植入心，就不易改變，所以稱爲邪見取。

3. 戒禁取（**sīlabbatupādāna**）：相信要淨化並達到涅槃，只要遵循特定的祭典和儀式，如祈禱、發願、苦行、自我折磨等等，執著於這樣的邪見。根據《清淨道論．註釋書》，甚至包括執著於僅需戒和定就能解脫的邪見。

4. 我論取（attavadupādāna）：執著地相信識蘊是自我、受蘊是自我、想蘊是自我、行蘊是自我、色蘊是自我，或者五蘊之外有常存的自我。

10. 有

有分兩類：

1. 業有（kamma-bhava）

2. 生有（upapatti-bhava）

這裡是指業有，這過程是指善和不善的業行，產生輪迴的業。

11. 生

「生」指投生於任何生存地的有情，其任何一蘊、四蘊或五蘊開始生起之時。欲界眾生有五蘊，無色界眾生只有四（名）蘊。欲界的生是「建立在新色蘊上的四名蘊」的轉起。

12. 老死及愁悲苦憂惱

老的現起是衰老、髮落、掉牙、皮膚失去美麗和彈性、身體乾枯起皺、六根衰退、力衰、失憶及失智等等，是青春活力和體力的消退，以及疾病的增加。死是五蘊的崩解及生命的滅盡。愁如火般在心中燃燒，悲則是痛哭，苦是身痛，憂是心痛，惱是失去希望。

現在，我們來討論每一緣起支如何相互爲緣而生起。

三、緣起的連繫

1. 緣於無明，故行生起

無明非但不知八事，還扭曲了它們。我們一個一個來檢視：

1. 第一事是**不知苦聖諦**，苦是指五取蘊。如果不知五取蘊是苦諦，就會誤以爲輪迴是快樂而可意的，因此造作身、語、意三種行來延長它。這又造成苦的因。如佛陀經常指出，輪迴是苦，這個教示部分是由於生總是以老病死作結，部分是由於五蘊是無常、苦、無我。

2. 第二事是**不知集聖諦**，集指貪愛。如果不知渴愛是集諦，就會扭曲眞實，想像渴愛是快樂的源頭。我們經由六根門追逐六塵來滿足渴愛，眼根經常渴望愉悅的景像，耳根經常渴望愉悅的聲音，鼻根經常渴望愉悅的香味，舌根經常渴望愉悅的味道，身根經常渴望愉悅的感覺，意根經常渴望愉悅的法塵。

3. 第三事是**不知滅聖諦**，滅指涅槃。如果不知涅槃是滅諦，就會扭曲眞實，想像究竟苦滅是投生於天界某處或淨土。或者，我們會以爲某種超越欲樂的殊勝禪修境界是究竟苦滅。因此，以無明爲緣，我們會造作業行來達到我們想像苦滅爲何的扭曲見解。

4. 第四事是**不知道聖諦**，道指八支聖道。如果不知八支聖道是道諦，就會扭曲眞實，想像通往究竟苦滅的道路是縱欲、苦行、自殺，或特定的祭典及儀式，如獻祭動物或人來崇拜神等等。有一個在眞實生活中的例子，我的同參道友，一位戒尼，前世是婆羅門，由於邪見，這位婆羅門經常敦促隨眾殺雞來崇拜神，認爲是善行，結果他下一世投生成爲雞。

5. 6. 7. 第五、六、七事是**不知有過去五蘊**，**不知有未來五蘊**，**不知有過去、未來五蘊**。因此扭曲眞實，錯信我們無所從來，也無所從去，否定現世五蘊是過去五蘊的果、未來五蘊的因。如果無明和渴愛沒有減少，持著這樣的邪信，本身就是不善的意業。

8. 第八事是不知緣起法和緣生法，此指緣起或因果律。舉例來說，如果不知無明是行的因緣，我們就會扭曲眞實，錯認癡心所是「自我」，思心所是由同一個「自我」來執行的。或者，我們也許錯認緣起法和緣生法是自我，如懷有邪見的嗏帝比丘，認爲有一個常存的自我在生死中輪迴。

因此，不知八事，我們便會造作三種業，如佛陀所說：

> 無知而有無明者，行作福行，行作非福行，行作不動行④。

2. 緣於行，故識生起

1. 在結生心刹那

因爲根源於前一世的無明而造作的業，結生心在現在世生起。因此，今生的第一心，也就

④見《清淨道論》英文版（第五版，一九九一），第五百四十二頁，第十七章，第64偈，第二段。

是結生心，或者在世俗上稱爲生，是前一世業行的直接果報。如前所述，結生心是從過去世而來的轉起過程，由因果律維持。

讓我們更詳細來看結生心生起的各種原因。臨終的人的最後幾個刹那，不能忍受那無法控制的苦受的迫促，感到這一生的生命力逐漸消逝而生起焦慮。在生命的最終一刹那，過去的某一種業遇見適合的因緣條件而成熟，現起了業相。他的心牢牢抓住這個相，在這個過程發生的當下，由於對生命存在的渴愛沒有去除，它的力量驅使心識向前，使業行得以產生結生心的果報。

由渴愛支持，過去業行的力量拽著心識到一個新的生命，他這一世的結生心所執持的目標與過去世死亡心所執持的業相相同。

潛伏的無明使心盲目看不見新生命（名色）的過患，當死亡心滅盡，結生心便生起，他的名法放棄了前面的支持，也就是心所依處（說是老的身體，或許好懂一點）；而且在新的生命和新的生存地裡，得到新的心所依處支持（一個新的身體，出現在與業相關的生存地——善業導致善的生存地，惡業導致惡的生存地）。

這好比有人要渡河，緊緊抓住繫在河岸樹上的繩子，然後拽著自己橫渡，並不知道對岸有什麼危險等著他，他拽著繩子渡了河，放掉繩子，受到對岸的支持。同樣地，新的結生心生起，受到新的心所依處支持，緣取前一世臨終心路過程的業相爲目標。

我們這樣便清楚了解這一生的結生心生起，是根據下列五種原因，而不是其他原因：

(1)無明——即不知新的生命存在什麼危險。

(2)渴愛——即因爲無明而執著於生命繼續存在。

(3)取——即由於強烈執著於生命的存在而抓住業相。

(4)行——即以前造作的行成熟了。

(5)業——即行所遺留下的力量。

總之，這一世結生心生起，是因爲被誤導的渴愛，想要生命繼續延續，這使得過去的行爲或業行在臨終時產生了業相，而促使心識趨向新的目的地。

因此，我們可以總結說，生死輪迴不過是依著因果律的相續流罷了，若沒有因緣是不可能存在的。這「新」的眾生既非相同，亦非相異，不是舊的那個，也不是新的。因爲如果在相續流中具有絕對的相同性，就會有一個常存的自我，超越一切變化過程之上。我們現在雖在概念上常這樣想，其實是根本不可能的。

但如果有個絕對的他者，那麼，做惡行的人投生地獄，其實都是無辜的，因爲過去的惡行是另一個人造作的。這樣的見解抹煞了業報律，否定過去所做和將來會發生的結果之間有所關連，否認普世萬法的公平性。

但我們可能會問，如眞有流轉發生，是誰在感受過去行爲的樂果和苦果？

要問是「誰」，首先就還是執著有自我的邪見。我們已經看到，至少在概念層次，受心所的特相是感受可意和不可意的業報，包括樂受和苦受的果報。

在究竟的意義來說，超越了日常名言的世俗諦來看，其實是受心所在感受行爲的果報，受的作用是感受。受蘊不是自我，但多數眾生無法以智慧穿透眞實，以渴愛執著受蘊，被我見所生起的我和我所圍困。

只有在世俗語言的層次和世俗諦中，我們才會有男人、女人、鬼、天神、惡魔、婆羅門、狗等等，還有一個「自我」感受到宿業的果報和現在的感受。究竟來說，這些都是緣起的現象，在實相中並沒有著一個堅實的個體存在。當我們出離而進入實相，目前所有清理不完的輪迴中的問題，轉眼間就消除而且徹底解決了。

2.在個體生命存在期間

結生心之後，當眼、耳、鼻、舌、身這五淨色發展夠成熟可以受五塵撞擊，便生起眼識、耳識、鼻識、舌識、身識這五種果報根識。

當五門心路過程生起，其他的果報心，如領受心、推度心、決定心，也開始生起，許多有分心也在生命期間生起，依其相應的過去業而生起。當一期生命行將結束，最後一個果報心（死亡心）會生起，公正執行現在世死亡的作用。

十二緣起支的首二支，無明與行，是過去因，成爲現在世的潛在之根。換言之，我們先前被無明矇蔽的業行「創造」了我們的現在生。

所以，落到世俗諦來說，誰創造了生命？無明與行是我們創造者！結生心和其他果報心是創造品。佛陀說：

> 比丘們！如果一個充滿無明的人造作福行，識就轉生福業；如果造作非福行，識就轉生非福業；如果造作不動行，識就轉生不動業。
>
> ——《審慮經》（相應部12：51經）

這一段敘述充分說明緣於行，故識生起。

佛陀教導緣起法是為了開顯：諸法皆是公平的因緣法（除我們自己持續的無明之外），並沒有自我及創造者。

3. 緣於識，故名色生起

「名」一詞是指三個相應的名法：受蘊、想蘊和行蘊（心所），「色」是指業生色。因為結生心生起，名色便生起了。事實上是結生心生起時，名色同時生起（俱生），我們說名色緣於識而生起，因為心是相應心所及色法的前導。

人類初生的色法，光用肉眼是無法看到的。自懷孕開始，受精卵逐漸發育成一個有情眾生，其過程如下：第一週，是一個受精卵（一開始無法看到）。第二週，是一個皰結。第三週，是一個血塊。第四週，是一個極小的肉塊。第五週，頭及四肢開始形成了。第十一週底，當頭及四肢成形，眼、耳、鼻、舌四淨色便形成（其他胎生的有情眾生可能會經歷不同的發展階段）。

對於欲界地的天神（沒有子宮和妊娠），在結生心生起的剎那，生起三個相應名法，以及至多有七十種色法生起，包括眼、耳、鼻、舌、身、性根及心所依處十法聚。

於色界地結生的眾生，在結生的那一剎那，會生起三個相應名法，以及三十九種業生色同時生起（眼、耳、心所依處十法聚和命根九法聚）。至於在色界天之無想有情眾生（asañña satta），沒有名法，只有命根九法聚生起。

無色界地眾生的結生心和相應名法同時生起，但沒有色法。

4. 緣於名色，故六入生起

此處名色的意義與上述相同，至於六入處，前五入處是指眼入處、耳入處、鼻入處、舌入處、身入處五淨色。意入處是指果報識，而非心識的色法依處。名色這個複合詞或僅指名法，或僅指色法，或僅指名法色法。可用五種方式來說明這平常的連結：

1. 名法（一切心所）如何是五入處的助緣？名法的活動是色法必要的助緣，因為只有靠名法存在，色法才能存在。
2. 名法（一切心所）如何是意入處的助緣？當相應心所生起，它們便助成果報心的生起，這就稱為意入處。雖說心是俱生心所的前導，心的生起也依靠心所。
3. 色法如何是五入處的助緣？當業生色法的四大元素生起，它們便助成五入處的生起，這是因爲五入處是從四大所造色所生。

4. 色法如何是意入處和果報心的助緣？這裡的「色法」是指五入處，五入處是意入處生起的，意入處包括五根識，若五入處毀壞，也不會再生起相應根識。

5. 名法和色法如何是意入處和果報心的助緣？結生心生起的刹那，名法（心所）和意入處（結生心）由於相應而同時生起，心所依處由於依靠結生心而給結生心當色法的所依。要記得，根據《發趣論》（*Paṭṭhāna*），心和心所同生，稱爲相應緣（sampayutta paccayo），心靠著心所依處生起，稱爲依止緣（nissaya paccayo）。結生心之後，在一期的生命中，名法和色法使五識等果報識生起，因爲識不能沒有名法色法而生起。

因此說緣於名色，故六入生起。

5. 緣於六入，故觸生起

因爲有六入處存在，與六塵撞擊的六觸便生起了。因爲六觸只發生在六入處存在的條件下，所以說觸的生起是依於入處。只要我們醒著，色、聲、香、味、觸、法便在不斷的心流和快速的變化下，不間歇地個別撞擊六入處。

佛陀將觸比喻爲無皮膚的母牛，無論站在哪裡，靠牆、近樹、傍水……住在那裡的動物都會啃咬牠，見《像兒子的肉那樣經》（相應部12：63經）。當我們暴露在經由六入處而來的六觸激發之下，各方面壓迫著我們，幾乎無助。

6. 緣於觸，故受生起

因爲我們不斷有六塵撞擊的觸，不免產生六種受，這不是我們所能掌控的。大多數有情眾生終其一生追求樂受，因爲這提供了情緒滿足的方法。

7. 緣於受，故愛生起

感受可以刺激並啓動渴愛。雖然渴愛的特相是抓住目標，其實是渴求感受。我們的渴求是受到樂受刺激而起的，好像痲瘋病患，四肢有潰瘍和水泡，不能忍受癢和疼痛，就用指甲去刮傷口上的痂，甚至在炭坑上燒灼身體，產生一種快感和釋放感。他搔抓傷口、揭開傷口，結果發炎感染，又發出惡臭，情況益加惡化，但他仍得到滿足感和享受。在這種情況下，渴求樂受的貪愛使他盲目，看不到結果。同樣地，因爲我們執著於欲樂所引生的愉悅感受，不顧對自己、對他人所造成的嚴重傷害，還是繼續耽溺其中。

我們傾向非常執著樂受，這是渴愛的助緣，那麼，苦受爲什麼也是渴愛的助緣呢？當我們珍愛的樂受止息了，無可避免因爲緣起法的無常本質，苦受就取代了。我們覺得很痛苦，執著於過去的樂受，希望此刻的苦受會消失，過去的樂受再回來。

舉例說，一個人摯愛的妻子過世了，他牢牢抓著她帶給他的樂受不放，無法忍受新生起的苦受——失落的痛苦。現在有一種渴愛可能會生起，想從不能忍受的悲痛中解放，由於他不知苦的止息之道，爲了逃避現實並擺脫悲傷，就耽溺於欲樂，這是他唯一知道對付痛苦的方法：沉醉於毒品和性的歡愉。結果，渴愛增加了，他很快便墮入欲愛的陷阱，如螞蟻渴愛甜味，溺死在蜂蜜罐裡。

不苦不樂受又怎樣成爲渴愛的助緣呢？中性的感受近於樂受。例如禪修者修入出息念得到第五禪，生起捨受，覺得十分殊勝，於是開始愛執。

因此，三種感受都是渴愛的助緣。

渴愛是苦的根源，雖然它植根於無明，但近因是感受。若要打斷受和愛的鎖鏈，必須不貪愛樂受，也不憎惡苦受，更不會無知於不苦不樂受，只是以不執著和離執的心態，如實接納任何生起的感受。注意感受是無常，不停生起滅去，是苦，是沸騰，是箭靶，是無我。這樣觀照思惟感受，便可有效地阻斷渴愛生起。

佛陀教我們：

> 比丘們，凡過去世、現在世、未來世任何沙門、婆羅門認爲在此世間中可愛的、令人滿意的色爲無常的、苦的、無我的、病的、恐怖者，他們就在捨斷渴愛。凡捨斷渴愛者……我說：「他們從苦脫離。」
>
> ——《探查經》（相應部12：66經）

因此，佛陀又說：

> 比丘們，凡過去世、現在世、未來世任何沙門、婆羅門認爲在此世間中可愛的、令人滿意的色爲常的、樂的、我、無病、安穩者，他們就在養育渴愛。凡養育渴愛者……我說：「他們不從苦脫離。」
>
> ——《探查經》（相應部12：66經）

留意佛陀所教，我們認識感受的方式會導向渴愛的生起或息滅。

渴愛和無明是輪迴的二個根因，導致我們在痛苦的生死輪迴中一世又一世地輪轉著。無明是過去因（在過去世）引生現在果（在現在世），而渴愛則是現在因引生未來果（在未來世）。但是，在究竟諦中，兩者總是一道生起的。雖然一道生起，無明位於緣起鎖鏈的第一支，因爲它是統領其他支的基礎，正如有影響力的國王。渴愛則猶如宰相，聽候國王的差遣。

8. 緣於愛，故取生起

我們提過四種取：欲取、邪見取、戒禁取、我論取。

渴愛於欲樂的人，渴愛慢慢會發展成強烈的欲取和執著，欲樂的渴愛和渴求，如形成性、金錢、權力、美味、賭博、酗酒、毒品等等的慣性，漸漸就會強化爲取，不能放手。

舉例而言，一位男人去探訪朋友，眼睛觸到朋友美貌的妻子，因爲眼觸，心中生起樂受，渴愛接著生起，如果他不檢視其心，就會引生貪愛，以性欲和嫉妒爲現起。他反覆思念，強化成爲取。

還有，渴愛於繼續生存，會令人取著特定的祭典和儀式。假使有人渴愛於生天，以爲禱告、或以動物為犧牲祭神、或相信只有一造物主或救世主，會使夢想實現，此人緊緊抓住這邪見，並從事各種修行，其中有些很傷害眾生，其他雖有好的，但也是根源於無明和渴愛。

若渴愛於繼續生存，也會令人取著永恆靈魂的教義。許多人取著於一個靈魂從這一世流轉到下一世，渴求一再投生。

也有渴愛於不繼續存在，因此生起邪見取。這個人取著於眾生在死亡時，生命便結束，什麼都不會帶到死亡之後的未來，過去不會影響未來，死亡是最終的安息，沒有業果。渴愛於不繼續存在，也會生起欲樂的取著，因為如果一個人相信死後空無所有，便會耽溺於享受欲樂，沒有止境，如果推廣物質主義或虛無主義這類有害的邪見，在過程中甚至會傷害他人。

9. 緣於取，故有生起

有是指業有，這指會產生輪迴的善與不善的業行，取著欲樂可能會引起各種無益而不善的業行。回到那個執取朋友妻子美色的男人，由於強烈的貪愛，無法控制，終於與朋友妻子私通而邪淫，這是使他死後投生地獄的業有。

欲取會引生邪淫、虐待、謀殺、羨慕、嫉妒、仇恨、報仇，以及許多無益的身、語、意行。

戒禁取導致邪修行的業有，因爲行爲是跟著見解而來。從對狗戒苦行沙門的開示中，我們知道古代印度認爲苦行的祭典和儀式會導致生天。仙尼亞（Seniya）是裸形沙門，相信狗戒（做狗的一切行爲）會令他生天，因此他修了很長的一段時間。佛陀對他說，如果一個人全心全意不間斷培育狗的修行、狗的習慣、狗的心，當身體崩壞而死後，他會投生狗群，這使他非常傷心，因爲他雖然出家爲苦行沙門，卻修習了無用的祭典和儀式，而沒有修行止息苦的佛法。如有人持這樣的見解：「持這樣的戒，或修行，或苦行，或神聖生活，我就會成爲天神。」就是懷著邪見，只有兩個去向：地獄道或畜生道。見《守狗戒者經》（中部57經）。

事實上，只要我們的心還是取著有個「人」的見解，認爲有一個自我，那麼無論我們做什麼，善巧或不善巧，都是業有。我們從一生到下一生，從一刹那到另一刹那，都在累積業。

也許有人會問關於第一個鎖鏈：「緣於無明，故行生起」，如果業行與業有相同，爲什麼這裡要提到業有？《清淨道論．註釋書》說明第一個鎖鏈中的業行屬過去世，這個鎖鏈的「有」屬現在世。正如過去世的業行是現在世的因緣，現在世的有也會成爲未來世投生的因緣。

10. 緣於有，故生生起

死亡時，業有成熟，便產生未來世的生命。「生」意指投生於任何生存地的有情，「蘊」首先生起之時。正確地說，既不是「同樣的自我」，也不是「另一個投生的人」，像「人」、「實體」、「個人」、「自我」、「女人」、「男人」、「個體」、「我」或「你」，都只是世俗諦上爲了清楚和方便的說法，投生的只有名法和色法。它們的本質是快速生起並滅去，把名法和色法視爲「（主體）我」、「（受體）我」、「我所有的」，就是認爲我們每一剎那都在死亡並且重生。

我們可以引用許多個人經驗來闡明善或不善的業行是結生的因緣，我們還可以引用更多例子來證明：沒有一個人——甚至無上等正覺的佛陀——能想得出自己或他人沒有前一世。

11. 緣於生，故老死及愁悲苦憂惱生起

一旦「生」了，老和死就必接踵而至。老化是身體及心理最根本的苦。它是死亡的先知，年齡一點一點老大，死亡便一點一點靠近。對我們大多數人，死亡是生的悲哀、令人害怕、無可避免的頂點。我們死亡時，帶著執取身心的痛苦，不願跟我們珍愛的事物分離。一旦出生，

就不能不死，除非證得涅槃，也就是苦止息的時候。

彷彿死亡本身在一期生命中還不夠痛苦，我們還會在生命中遇到更多痛苦。愁、悲、苦、憂、惱，愛別離、怨憎會，失去健康和財富，是許多眾生在生死輪迴中相同的際遇。被內心痛苦攫取的人，會想盡辦法囚禁、懸吊、鞭打、殘害他們自己，來承受種種的苦。

因此生起純大苦聚。

只要潛伏的無明及渴愛這兩個輪迴的根本之因尚未被阿羅漢道智斷除，這苦——即生死之輪，將會持續地轉動，正如只要樹根還原封不動留在土裡，樹木就一定會持續生長一樣。究竟意義上的緣起，就是生、滅、又生、又滅的無盡的輪迴過程，依緣而生的沒有任何可稱爲「我」或自我的常存實體。不斷生起滅去的過程——在微觀層面，或在宏大而易見的層面——只不過是重複地受苦。很弔詭地，因爲沒有人在受苦，所以說：「**有苦，卻沒有受苦的人**。」

眞理說得再多也不算多，因爲一旦認識了眞理，我們會尋求一種另類之道、解決之道、進入實相的出離之道、苦的解脫之道。如果我們用智慧去分別，這眞理會讓我們解脫。

生命存在的持續過程和客觀本質，《清淨道論》用偈句美妙地表示出來：

沒有業的作者，也無異熟的受者，
只是諸法的轉起，這是正確的見解。
沒有天與梵天為輪迴的作者，
但由因、緣而有諸法轉起。

——《清淨道論·第十九章度疑清淨品》

四、三時的緣起

緣起法在過去、現在及未來三世運作。無明、行屬於過去世。識、名色、六入、觸、受、愛、取、有屬於現在世。而生、老與死屬於未來世（見圖19）。

雖然說無明、行是「過去因」，其實，愛、取、有也在其中運作。這五支引生識、名色、六入、觸、受的現在果。而同樣的五支因此又成為未來果的現在因，從生開始，然後又成為引生下一世的未來因，然後又引生另一世等等，不會停止（見圖19）。

要清楚說明這一點，我來引用一位帕奧禪林的女眾禪修者過去世的例子。當她追溯上一生，臨終的時候，她看到的業相是，一位男士歡喜地以蠟燭供養佛塔。這位男士很貧困，還有老婆孩子要養。有一天，他和全家前去村中的一座佛塔，義務清掃佛塔周圍環境，工作完成之後，這位男士想找找看有什麼可供養，他在佛壇上找到一根燒了半截的蠟燭，他帶著很大的歡喜心點燃了蠟燭，供養剛清潔完的佛塔。他思惟自身困苦的狀況，僅夠養家餬口，於是他希願下一世生爲女人。後來過了很久，他仍時常帶著歡喜心記得自己的善行，一再產生了善的意業。

圖 19：三時

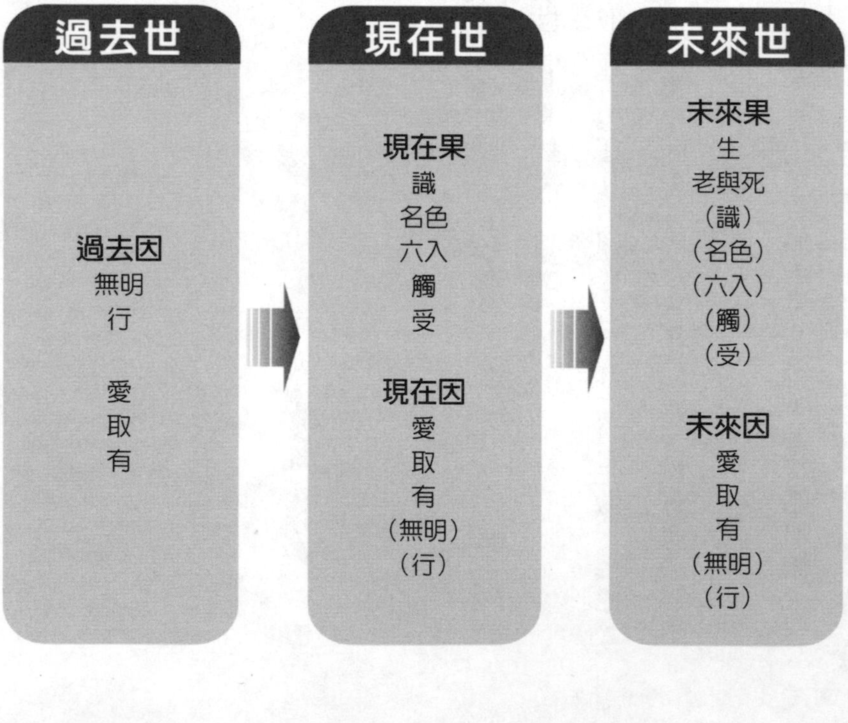

在這個例子中，他的無明令他不知每一生命都以老、死告終，無明也令他盲目地錯謬認知「女人」是真實存在，而不只是名法和色法。他的渴愛是喜歡並渴求女人的生命，他的取是強烈執著女人的生命，他的行是以蠟燭供養佛塔的善行。有五個過去因導致結生心、名色、六入、觸、受，現起現在果而成為女人的生命存在。如她在這一生不能完全去除無明，同樣的五個因素又會成為未來投生（未來果）的現在因。

我們可能會驚懼、懷疑、奇怪，為什麼這麼微小的行為會導致投生成為輪迴中難得的人身？這個窮人利用廢棄的蠟燭來供養，被他前面的善行所支助並增強，即是希望清理佛塔、義務清理佛塔、鼓舞家人，並且在了解業果的情況下，實際去清理佛塔區域，這都意味著，在他清理並鼓勵家人從事善行的期間，無數善的速行心生起。再者，他是以極強的思心所供養蠟燭，當造業的思心所強時，業力也相對地強。他經常想起自己的善行，因此造成意門心路過程的善速行心一而再、再而三地生起。所以，當諸緣具足時，他的願望就實現了。

把緣起和三時連結在一起的目的，是為說明一個「個體」如何在生命之輪中流轉，在無始的輪迴中經歷生死的循環。然而，緣起其實在生命每一剎那中運作。除非我們的心受到正念和智慧的保護，不然，當六塵撞擊六根，我們便轉動了緣起之輪。

五、三輪轉

從另一個觀點來看，我們應該明白緣起法就是三輪轉。⑴無明、愛及取是煩惱輪轉；⑵行與有是業輪轉；⑶識、名色、六入、觸及受是果報輪轉（見圖20）。

舉一個例子會更清楚。佛世有一位富有卻吝嗇的人，名叫托帝亞（Todeyya），由於無明，他對自己的財產懷著強烈的執著，這是煩惱輪轉。他不想與他人分享財產，把珍寶埋在房中，基於強烈愛、取，

圖 20：三輪轉

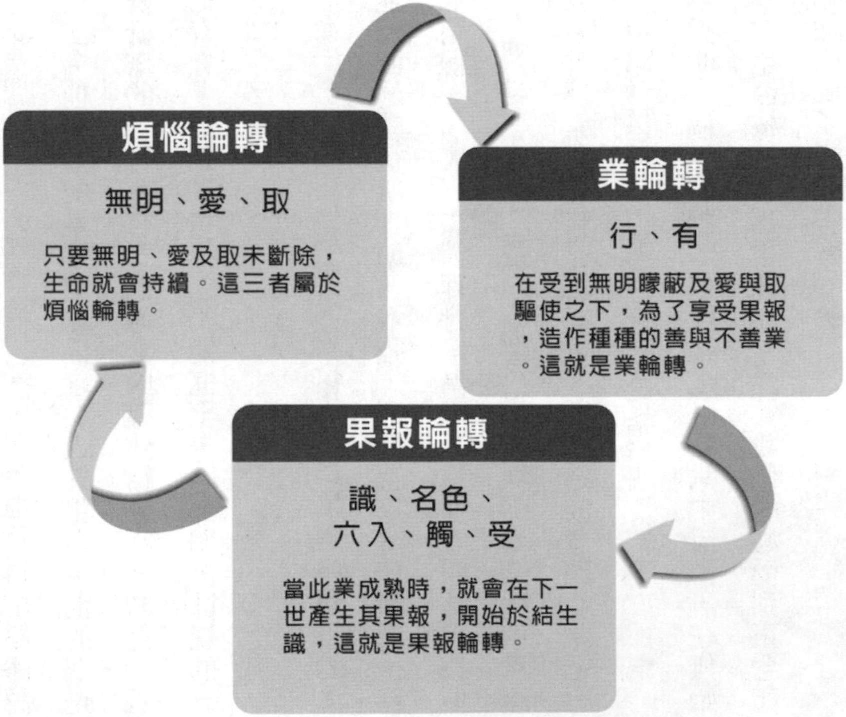
煩惱輪轉
無明、愛、取
只要無明、愛及取未斷除，生命就會持續。這三者屬於煩惱輪轉。
業輪轉
行、有
在受到無明矇蔽及愛與取驅使之下，為了享受果報，造作種種的善與不善業。這就是業輪轉。
果報輪轉
識、名色、六入、觸、受
當此業成熟時，就會在下一世產生其果報，開始於結生識，這就是果報輪轉。

他對財產非常吝嗇，成爲他的行和有，這是業輪轉。結果，死後他投生爲一條狗，仍住在原來的房子⑤。由於生起畜生道的結生心，便引生名色、六入、觸、受，這是果報輪轉。

三輪轉無始，猶如轉動的輪無法清楚辨出開始的那一點。它從煩惱輪轉到業輪轉到果報輪轉，然後再來一次一次地輪轉。因此稱爲有之**輪**。由於無明、愛、取，我們把自己綁在輪子上，無法逃離輪的鉤爪。

再強調一次，儘管無明列於緣起的頭一支，它並不是第一因。佛陀說：

> 比丘們！輪迴是無始的，無明所蓋，渴愛所繫之眾生流轉、輪迴，起始點是不被了知的。
>
> ——《草木經》（相應部15：1經）

只要不了解緣起，就無法知道生命眞實的本質，井然有序的因果律，出離苦而進入實相。

在《因緣大經》（長部15經）中，佛陀說：

⑤見《中部．註釋書》。

阿難！這緣起是甚深與顯現甚深的。阿難！由於此法的不隨覺、不通達，這樣，這世代成爲糾纏的線軸、打結的線球，爲蘆草與燈芯草團，不能超越苦界、惡趣、下界、輪迴。

我們若以緣起爲禪修的主題而了解緣起，便不再對生命的本質，對根據因果關係而來的過去、現在、未來的生命，對眾生一再生死，感到疑惑。我們若修得第二觀智——緣攝受智⑥，就會從直接的觀智和體驗中知道：過去世所造作的業如何引生一世又一世的結生心，於是生命的奧祕就揭開了。

六、一再結生的旅程

以下佛世的例子，說明每一個個體是如何地被捲入生命之輪中，在無始輪迴中歷經一再投生。依悉達西（Isidasi）出身於印度一個非常有影響力的家庭，父親是一位有地位的商人，而她是他摯愛的獨生女。長大後，父親將她嫁給另一位富商的兒子。以依悉達西良好的教養，當然成爲當時印度傳統中理想妻子的典範。她尊敬丈夫、公婆，專心做好她的職責。丈夫和婆家簡直沒有理由不歡喜娶得如此美貌又盡責的伴侶。然而奇怪的是，一個多月之後，丈夫無法忍受她，想盡快休掉她，將依悉達西送回娘家。他的父母對事情的轉折感到非常困惑，因為他們都看到了依悉達西的美德，又找不到錯處，沒有人——甚至連她的丈夫——都不能解釋為何他無法忍受她。

然而，依悉達西的父親很快便把她嫁給另一位富人。這次，雖然依悉達西竭盡所能地服伺新丈夫，但是才不到一個月，同樣的怪現象又再次發生。第二任丈夫對她失去感情，只要看到她就感到煩躁憤怒，將她送回娘家，宣告離婚。

依悉達西父女倆這下子可眞是完全不知所措。不久之後，一位托缽沙門前來乞食，此時，這位父親突然想到將他美貌的女兒和一大筆財富供養給這位沙門。而這位沙門也欣然接受了從天而降的供養，謝謝商人贈予的一棟豪宅、一筆錢財、立即的社會地位，並迎娶貌美的依悉達西為妻，這些供養是他遠遠預想不到的。但很奇怪地，兩星期後，他前往岳父處，要求退還他的缽碗及道袍，因為他無法繼續與依悉達西同處於一個屋簷下。他很堅定，父親很困惑，依悉達西則感到非常痛苦，覺得承受了莫大的屈辱。

---

⑥第二觀智：緣攝受智，直接知見緣起，而不再僅止於理論了。

她痛苦得想到自殺，無法忍受這種恥辱。但就在當天，一位佛教比丘尼到她樂善好施的父親住處托缽，那位比丘尼的舉止和安詳自在的神情讓依悉達西非常感動，因此她想要出家成爲比丘尼。父親同意之後，她便剃度了。出家後，她逕直精進禪修七日並證得阿羅漢果，同時具足三種神通——宿住隨念智、死生智及漏盡智。

透過宿住隨念智，她看到隱藏在這一世和許多前世婚姻失敗背後的潛在之因。在八世前，她是男性，一個英俊、有錢、活力十足的金匠，對自己外表和吸引力顧盼自雄，於是這位年輕的調情聖手誘拐了許多有夫之婦，完全不顧自律和道德、家庭關係的神聖，或給那些丈夫帶來的傷害。金匠所有的渴望，就是情欲滿足的悸動，不負責任，不給承諾，沒有良心，他終其一生都過著這種生活。

臨終時身體崩壞，投生至地獄，他體驗到比他曾經施加於他人還多的痛苦及傷害。一座地獄裡，有一項對姦夫淫婦和好色之徒的懲罰，那就是他們必須強制穿過一座森林，而森林中的樹葉都是利劍，身體會被鋒利的刀片割得遍體鱗傷，直到業盡。

地獄之後，他投生至畜生道，成爲一隻猴子。投生七日之後，由於過去邪淫的果報，新生小猴的性器官被敵手咬掉。接著，他投生成爲一隻羊，而且是被閹割的羊，無法滿足性欲。他下一次投生畜生道是一頭公牛，被閹割而且被迫整天犁田和拖車，難得休息。

下一世，由於善業成熟，他再世為人，卻是一個陰陽人，奴隸的兒子。

再下一生，他出生為一位社會邊緣的女孩，很年幼就被賣身為奴。當十六歲長大了，富有主人的兒子愛上她，並娶她為二妾。之後，她不但沒有對她的豪奢新生活心懷感激，並與善良淳厚的大夫人和諧地相處，反而為了鞏固地位及身分，極力在丈夫與大夫人之間挑撥離間。丈夫終於休掉夫人，由她取代。

那一世之後，她前一世的惡行並沒有直接生起結生心，她出生成為依悉達西，富有、迷人、吠舍種姓的慈愛父親的女兒。但她每次想結婚，不善業都居間擾亂。雖然她盡心服侍丈夫，卻必須遭受連續三個丈夫的鄙視、遺棄和忽視，在這一世沒有顯見的原因。隱藏的因是過去世她將善良淳厚的大夫人從家中趕出去。這一世她感到屈辱，對生命不抱妄想，再加上在漫長的輪迴旅程中所累積的各種善業成熟，終於能夠出家，並證得阿羅漢道智。

她這才了知不善行和後來生起的苦果之間的關係。放縱的渴愛源自無明，正是在幾次結生中造成不可理解的苦難的因。當她證得阿羅漢道果，投生、無明、渴愛的根完全被斷除滅盡⑦。

⑦見《長老尼偈》。

● 緣於無明滅盡，故諸行滅盡。
● 緣於諸行滅盡，故結生識滅盡。
● 緣於結生識滅盡，故名色滅盡。
● 緣於名色滅盡，故六入滅盡。
● 緣於六入滅盡，故觸滅盡。
● 緣於觸滅盡，故受滅盡。
● 緣於受滅盡，故愛滅盡。
● 緣於愛滅盡，故取滅盡。
● 緣於取滅盡，故有滅盡。
● 緣於有滅盡，故生滅盡。
● 緣於生滅盡，故老、病、死、愁、悲、苦、憂、惱，不會再行生起。

因此，這純大苦聚完全滅盡。整條緣起鏈終於崩斷。

現在了解了苦、苦集和苦滅聖諦，接著該探討道聖諦。

第三部

出　離

9 八支聖道

一、八支聖道

想要將苦徹底滅盡，修行「八支聖道」是唯一的道路，這條道路已被證得初果的聖人走過而證實。在佛陀第一次的開示《法輪轉起經》中，世尊說：

不往這兩個極端後，有被如來現正覺、作眼、作智，導向寂靜、證智、正覺、涅槃的中道。

比丘們！但什麼是那被如來現正覺、作眼、作智，導向寂靜、證智、正覺、涅槃的中道呢？

就是八支聖道，

即：正見、正志、正語、正業、正命、正精進、正念、正定。

比丘們！這是那被如來現正覺、作眼、作智，導向寂靜、證智、正覺、涅槃的中道。

——《法輪轉起經》（相應部56：11經）

二、三學

八支聖道可分爲三學：

1. 慧學（paññā sikkhā），相當於正見、正思惟。

2. 戒學（sīla sikkhā），相當於正語、正業、正命。

3. 定學（samādhi sikkhā），相當於正精進、正念、正定。

八支聖道的三組：

❶ 正見	sammā diṭṭhi	慧學
❷ 正思惟	sammā saṅkappa	
❸ 正語	sammā vācā	戒學
❹ 正業	sammā kammanta	
❺ 正命	sammā ājīva	
❻ 正精進	sammā vāyāma	定學
❼ 正念	sammā sati	
❽ 正定	sammā samādhi	

1. 慧學

慧學指培育正見和正思惟，這分別指慧心所和尋心所。

1. 正見

正見貫徹聖道的始終，這是正確地看待生命和世界，因爲正見如實見到眞實的面目，而不是我們想要的面目。我們認爲快樂的事，都受文化和社會的影響，當然和眞正的快樂是不一樣的。我們對世間的見解形塑我們的意行、語行和身行，因此正見是一切善業的先導。

正見開始於分別善惡及其業報。大部分亞洲人學佛法是從業報的正見開始，跟多數西方人不一樣。無明的黑暗，遮蔽了三共相：無常、苦和無我，這全是因爲內、外的五取蘊及其形成的原因。我們一旦走上了慧學的道路，觀慧終將去除這無明的黑暗。

我們會厭離五取蘊，培育解脫的善法欲，最後，正見會使我們完全了解苦諦，去除渴愛，證得涅槃。

2. 正思惟

正思惟也稱爲正志、正決心、正願和正確用心。這指善的用心，包括：

(1)向離欲，

(2)向無害，

(3)向無殘酷。

當我們開始根據生命的實相培育正見，這新獲得的智慧，影響我們的意行，進而影響我們的身行。我們由於了解耽溺欲樂和邪淫的過患，而自願放棄它；了解熱切的渴望會導致恐懼、不滿足、競爭、嫉妒、更多的欲望，最後痛苦更多。只有經由解脫，才會獲得滿足、快樂和平靜，我們很熱切希望其他人也有同樣的經驗，於是我們自然會培育出慈心，無量延伸到一切眾生，希願眾生都快樂平靜。

我們若解脫了渴欲，便會對欲望之網所鉤絆的眾生培育出悲心（尤其是爲眾生拔苦），因爲了解他們的欲樂追求必將枉然，因此必與痛苦奮戰，由於沒有機會接觸解脫法而沉淪惡趣。

2. 戒學

跟著正見的導引，我們開始學習道德、美德、倫理的行爲，包括正語、正業和正命。與三離心所相同。

1. 正語

正語指戒禁四種邪語：

⑴不妄語：不欺詐和不作僞證（爲自己、他人或物質利益說謊），不說欺騙的話（詳見增支部10：206經）。

⑵不兩舌：不說會引起不和諧的離間或惡意的話。

⑶不惡口：不說會冒犯或傷害他人的、鄰近瞋的粗暴話語。

⑷不綺語：不說缺乏利益、目的或深度的八卦和閒話。

2. 正業

正業指以無害而且有益的方式行動，對自己和他人的利益有自覺。有三類：

⑴不殺生：不殺害或攻擊，因爲了解到眾生最珍愛的就是自己的生命，並且自己所不欲的（被傷害或被殺害），其他眾生也必定不欲。

⑵不偷盜：不偷取，了解到巧取豪奪他人所有物是非法、不義的，正如我們也不希望失去自己的所有物。

⑶不邪淫（或其他濫用感官的欲樂）：因爲了解到應該尊重他人的尊嚴和福祉，正如我們

希望自己所愛的人和自己都不會受到侵犯。

因此，持守五戒，就是爲了一切眾生的安寧、和諧及幸福，而修行正語和正業。

3.正命

正命指以公義和無害的方式謀生，不從事下列五種行業：

⑴不買賣武器，

⑵不買賣奴隸，

⑶不買賣供宰殺的動物，

⑷不買賣毒藥，

⑸不買賣會上癮的麻醉品。

再者，任何需要違反正語及正業的職業，都是邪命，即錯誤的維生方式。

總之，戒學就是以覺醒的觀點來培育有益他人和自己的行爲。佛陀說愛自己的人不應傷害他人，我們不願受傷害，同樣地，眾生也不願被我們傷害。如了解到我們是業（我們的選擇、行動和思心所）的繼承者，便能培育寬廣的心。每一業行都會帶來受歡迎或不受歡迎的果報。善巧或不善巧的行爲，最後都會回到我們的身上。

善戒的目的是不後悔，效益是不後悔。不後悔的目的是欣悅，效益是欣悅。欣悅的目的是喜，效益是喜。喜的目的是寧靜，效益是寧靜。寧靜的目的是樂，效益是樂。樂的目的是定，效益是定。定的目的是如實知見，效益是如實知見。如實知見的目的是厭與離貪，效益是厭與離貪。厭與離貪的目的是解脫智見，效益是解脫智見❶。

——《爲了什麼目的經》（增支部10：1經）

培育了清淨的戒學，做爲定學堅實的基礎，正如《傳車經》所說：

如是戒清淨是唯至心清淨。

——《傳車經》（中部24經）

3. 定學

定學包括正精進、正念和正定，即個別培育精進、念和一境性心所。

1. 正精進

正精進是正道上其他支的先修功課，沒有精進，將一事無成。正精進是持久而一致地投入精進（不緊不鬆）以去除不善行和不善心，生起善行和善心。精進有四種，已詳述於第三章：

⑴未生惡令不生起。

⑵已生惡令斷滅。

⑶未生善令生起。

⑷已生善令增長。

2. 正念

正念是對身心上生起的現象不間斷保持覺知和警醒。其他的說法有：念是憶念不忘四念處的修行：念身在身、念受在受、念心在心（如貪心、瞋心、收縮心、散心）、念法在法（如五蓋、六入、五蘊、四諦、七覺支等）。

3. 正定

定是心的集中統一，即培育一種境界，在一段指定的時間內，使一切心所都統一、加強，

❶《中阿含經．何義經》有類似經文，十分簡潔優美，茲錄於此：「因持戒便得不悔。因不悔便得歡悅。因歡悅便得喜。因喜便得止。因止便得樂。因樂便得定。多聞聖弟子因定便得見如實、知如真。因見如實、知如真便得厭。因厭便得無欲。因無欲便得解脫。」

導向一個特定目標，像是入出息或遍處。正定指培育初禪、二禪、三禪、四禪（將於第十章詳述）。修行正定時，我們需要正精進，持續憶念單一目標，讓心深深「沉」入那目標，達到禪定，我們因此可以看到正精進、正念和正定一起運作，引生出統一、平靜、暫時清淨的心。

只要定具足後，慧就會達到成功的頂點，正見除去遮蔽四聖諦的無明，便見到三共相，並證得涅槃。屆時，我們的思惟會站在眞理這一邊。

在《般涅槃大經》中，佛陀說：

> 像這樣是戒、像這樣是定、像這樣是慧。
> 當已遍修習戒時，定有大果、大效益。
> 當已遍修習定時，慧有大果、大效益。
> 已遍修習慧的心就完全地解脫煩惱，
> 即：欲的煩惱、有的煩惱、無明的煩惱。
>
> ——《般涅槃大經》（長部16經）

在這段經文中，佛陀清楚說明在八正道內，修習戒、定、慧三學的必要。不過，這三學的先後順序不是一成不變，其實是彼此互補並增上的。培育了戒學，有利於定，也使我們如實知見；慧學的培育，也會成就戒學和定學。

10 止禪

一、定的利益

修得戒成就，智者得以開發禪定。

佛陀教導兩種禪修：止禪和觀禪。在佛世，止禪受到高度重視，現今人們則常忽視止禪，許多人認為正念便足以證悟。

佛陀怎麼說這件事呢？

> 諸比丘，應當培育定力。有定力者能如實了知諸法。

什麼「法」需要如實見？就是五取蘊。

一旦如實見五取蘊，就會看出它與表面上看起來並不一樣：它是完全無常，徹底苦，全然無我。穿透了這個眞理，才能證悟。我們清楚而直接看到苦因，正是植根於無明的渴愛。於是我們進一步看到：因滅，則苦滅。

我們若想穿透並清楚見到一杯水的無形分子，就要藉助顯微鏡來聚焦並增強視力。「聚焦並增強」的另一種方法就是**定**。

同理，如果我們想看到五取蘊的眞實本性，便需要培育定。定是觀的近因，因爲定心是煥發、純粹、統一、柔軟、客觀、無偏見、無偏好、無五欲的。這使分別的心清明、有力、具穿透性。當它將強大的聚焦首先放在身體上，然後放在心上，究竟眞理就會顯現，可直接認識並驗證實相，除去一切疑。

然而培育定，除了以上這項重要的任務之外，還有其他利益。定使我們在今生有超越五欲的快樂，提供現法樂住。尤其是阿羅漢不但經由定達到這個目標，餘生都因爲嫻熟定而受到這個利益。雖然阿羅漢已除去一切煩惱，卻還必須忍受身體的負擔，但透過禪定，他們可以暫時超越這個負擔。他們進入禪定之後，以統一的心，鎮日樂住於現法。

更有甚者，定是神通的基礎，禪定力可以使人培育世間神通，如宿住隨念智、天眼智、天耳界智、他心智、隨業趣智、騰空神變、飛行神變、身自在神變、一身成多身神變、水上不沉神變、不障礙神變、地中出沒神變等。我們要以意志和有意控制來行使這些能力，必須具備色界和無色界的禪定自在①。

①詳情見《清淨道論·第十二章說神變品》。

定使我們投生於快樂的界地，即色界。禪定自在的祕訣只要決意，便可自由進出禪定，保持到臨終時刻。臨終業緣取結生心在色界地生起，這個界地不會感受到人類的身體疼痛，只有禪悅。

禪定可做爲修觀者的休憩之處，這在《兩種尋經》（中部19經）的註釋書有一譬喻。在戰役中，有時候一方的戰士也許覺得疲倦，另一方則非常精壯，這時箭矢紛至沓來，虛弱的戰士撤退到堡壘裡，走避到牆壁後面就安全了。他們在那裡休息，直到疲乏感降低，又感覺精力旺盛了，便再次走出堡壘，走上戰場。禪定是堡壘，**暫時的**放鬆，修觀者跟無明和渴愛的魔王奮戰時，禪定是安全的休憩之所。

二、各種禪修方法

培育定有許多方法，《清淨道論》敘述四十種修定的業處，佛陀爲什麼要教各種不同的業處（kammaṭṭhāna）呢？這是因爲要教導不同根性的眾生，使更多人能夠得到禪定的利益。不同的業處導向不同的禪定層次。譬如說，四界分別、佛隨念、死隨念只能導向近行定。其他業處如入出息念、十遍處、四梵住（慈、悲、喜、捨）可趣向色界禪定。還有些業處（如空無邊處、識無邊處）則可趣向無色界。

在此，我願推薦入出息念為禪修業處，它自然是最為常見並且易學的業處之一，也許這是因為菩薩在菩提樹下證悟所修習的業處；又也許我們一直都在呼吸，所以可輕易用呼吸來培育定。這是無上正等菩提的佛陀以及許多聲聞弟子所修習的業處裡最殊勝的，因為這是達到觀慧的基礎，或得以在此時此地現法樂住。

在開始主修入出息念之前，我們應先短期修行慈心禪（mettā bhāvanā）和死隨念（maraṇānussati）。慈心禪的利益非常巨大而且立即可見，而死隨念對培養精進和修行的迫切性，也是很重要的工具。

1. 慈心禪

慈心（mettā）是友愛，一種快樂的心，願增進他人的福祉，如一位母親照顧她的獨子。首先，我們應先思惟瞋恚的過患，以及安忍的利益。瞋恚本身是五蓋之一，會阻礙心智培育與一切禪修的進展。對初學者，慈心不應向非常親愛的或非常敵對的人來培育，至少一開始必須如此。因為有一點點不幸發生在親愛的人身上，我們都會想哭泣。如果我們憶念一位敵對的人，瞋心會跳出來。也要避免對我們有性吸引力的人，否則會生起欲望。最後，避免死去的人，這有許多理由，最有趣的一個是，對逝世的人培育慈心禪永不可能入定，即使我們並不知道那人已經不在人世。

首先對自己培育慈愛——自己可能是世上最難愛上的人，尤其是在西方和美國。不妨憶念過去的快樂時光，並觀想自己在那樣的喜悅狀態之下。在內心重複默念：「願我安全。願我健康、快樂、平靜。」都用正面的語詞會有較好的效果。先散發慈心給自己，是爲了把自己當成一個範例：「正如我想要快樂，害怕痛苦；其他一切眾生莫不如此。」

不可否認，許多西方人很難產生或散發慈心給自己，也許是覺得自己不配？或約定俗成的文化意涵？有一善巧的方法是，先散發慈心給自己的寵物。一旦慈心生起，並開始流動，我們可以伸展向自己；再散播慈愛給尊敬的師長，憶念這位師長美好的品質和他所展現的慈愛；慈心還可散播給同修、朋友、鄰居、周遭的護法天神；最後給一切眾生，沒有分別，內心祝願：「願他們安全。願他們健康、快樂、平靜。」

我們越善巧嫻熟，便可越有效地散發慈愛給任何人，包括敵人或死對頭，因此可以改善人際關係。若準備散發慈愛給有一點不喜歡的人，都必須很小心，更絕對不可從最憎恨的人開始，不然我們的禪修說不定很快會變成對那個人的詛咒！

慈心禪的目標是快樂而喜悅的眾生，所以在散發慈愛給他們的時候，要觀想他們愉快的模樣，這容易軟化兩方面的心。若散播慈愛給同修，他們會「感應」到我們正面的能量，使禪修順利並易於相處。以慈愛散播給周圍的天神，我們會得到護祐。將慈愛散播給所有的人類，衝突會減少並降低，更容易與他們共處。他們喜歡我們，我們也會喜歡他們，又因為我們喜歡他們，他們會更喜歡我們。修習慈心禪，奇蹟似地使心勇敢、柔軟、快樂、專注、輕安。如果以入出息念為主要業處來培育定，那麼，慈心禪是很殊勝的前行。

2. 死隨念

我們懶得精進、變得粗忽、對修行缺乏興趣時，建議修行「死隨念」。這是一帖補劑，使我們充滿迫切感，覺得當下、此生、此刻就是修行的時刻。未來沒有任何確定性，也不可能從過去中獲益。

此時此刻既有力量，也有機會來駕馭自己的航路。人身非常難得，更難得的是得聞佛法、得以修行。生命稍縱即逝，很弔詭地，死隨念卻令我們精力旺盛，精神抖擻。

一開始，思惟一度享受生活的眾生，現在死了，然後思惟：「生，十分不確定；死，十分確定。」「我不可能不死。」「我隨時會死。」「死亡不可避免。」「我生命的終點即是死亡。」「唉！不久這個沒有心識的身體，就會躺在大地，如腐木一般無用。」可以喚起急迫感。

我們往往忘了自己可能很快死亡，因此，我們非常疏忽。我有一次指導一位六十五歲的學生隨念死亡，我很驚訝發現她說自己會活到九十歲！你說誰能保證？「今天就該努力——誰知道死亡是不是明天就來了？跟死神和祂強大的嘍囉，是沒法討價還價的。」「人命在呼吸之間。」「如果從鼻孔呼出的空氣不再進來，或進來的空氣不再出去，就死了。」

內心若生起悚懼感，就會放棄許多不當的欲樂追求，例如：性欲、財富、社會地位、奢華的生活、娛樂、酒精、毒品等等。這些都不能帶來永恆的快樂，執著它們反而帶來極大過患，正如螞蟻只為一嚐甜頭而死在蜂蜜罐中。只要我們思惟死亡接近了，就會生起急迫感，更加精進。

另一個方法是，我們可以憶想一位知名人物的死亡。想想，無論她/他再偉大，也終必離開這個世界。健康都會滑向疾病，青春走向老化，一切生命都以死亡告終。接著，我們可思惟摯愛之人的死亡，如父母、配偶、姊妹、兄弟，然後思惟中性的人，最後思惟：「我一定會死亡。」因此佛陀說：

諸行皆無常，以慧觀照時，心厭離於苦，此道達清淨。

——《法句經》第277偈

要思惟：死亡之際，除了修行，再沒有別的能幫助自己。若以正念喚起迫促感，在活著的時候會更加努力。

修行死隨念，能不斷精進，對「業有」產生厭離想，無常想漸增，克服對生命的執著。不像那些死亡時恐懼、怖畏、顫慄、迷惑的人，修死隨念的人死時不迷惑而且無懼——因為念著死亡心路過程的意涵，以及這如何影響未來世，可眞是一種福德！以上兩種禪修業處稱為「廣益」，因為對大多數禪修者都有極大助益。

三、入出息念

1. 修行入出息念

佛陀經常讚嘆入出息念（又稱安那般那念、安般念）：

比丘們！這入出息念之定，

當已修習、已多修習時，
就是寂靜的、勝妙的、無混濁的、安樂的住處，
每當惡不善法一生起，
它即刻使之消失、平息。

——《毗舍離經》（相應部54：9經）

修習入出息念有四個步驟：

1. 我入息長，而知：「我入息長」，又出息長者，知：「我出息長」。

2. 又入息短，知：「我入息短」，又出息短者，知：「我出息短」。

3. 修習：「我覺知息全身而入息」，修習：「我覺知息全身而出息」。

4. 修習：「我止身行而入息」，修習：「我止身行而出息」。

一開始，交足坐著，或平衡將雙腿放在地板上。長者可坐在椅子上。下顎微縮，上身正直，皮膚、肌肉、筋絡都不扭曲壓迫，如此，在扭曲時會剎那剎那生起的那種感受就不會生起了。放鬆身體緊繃之處，緊繃顯示心中隱藏著對自己或某些人、事、物有執著或瞋恨。爲什麼

要執取有害的事呢？放下吧！只要心清除了煩惱，身體就會放鬆。

微笑，開始吸入並呼出。注意鼻下或唇上人中區域的呼吸，那是入出息的接觸點。然而，如你找不到呼吸的接觸點，也沒有關係，只要覺知呼吸就好了。不要隨著氣息進入體內，無論上升至頭頂或下降至腹部，只要心一直上下移動，便無法得到深定。只要將注意力輕輕地安置在呼吸接觸點上，正念並喜悅地呼吸即可。

要說明這種覺知呼吸的方法，守門人的比喻最適切了。正如守門人不會盤查進城和出城的人，不會去詢問：「你是誰？你從哪裡來？要往哪裡去？」他只是覺知每一個正在通過城門的人。同樣地，已經吸入體內及呼出體外的氣息到哪裡去了，並非入出息念禪修者所關注，他只關注每一次抵達鼻下的氣息。

保持自然的呼吸，好像呼吸是它自己在呼吸，不需要刻意精進於呼吸，精進是用在覺知、注意。不要強力集中於呼吸，因爲這樣必定會引起鼻子、前額及頭部的緊繃，鼻子會變得僵硬，頭會變得沉重。大多數禪修者經常犯的錯誤是，越努力注意呼吸，心就越掉舉不安，過度精進引起心的煩躁和僵硬。當禪修者精進過多、定力卻過少，能量會自然流向掉舉，他們漸漸會氣餒並消沉，進而對修行過程失去信心和興趣，最後就半途而廢了。多可惜！全是因爲成了邪精進。

我們應該一面小心不強力專注呼吸，一面讓入出息念連續。應該以平衡的精進，來避免掉舉和懈怠兩個極端。在緬甸的外國人，修行了一段時間，會不會成功，自己總會知道。當地禪修者通常得定較快，因為他們知道如何放鬆修行。外國人傾向目標導向，自找不必要的壓力和焦慮，就很難有所突破了，這是達不到效果的。自在輕鬆和持之以恆，比努力奮鬥還重要。

只要注意呼吸，警醒但輕鬆。別想要控制呼吸，而要控制心。別讓心被幻想、計畫、質疑、推理、疑惑、後悔等等，甚或過分專注呼吸目標而流散了。然而，如果各種念頭生起，就覺知並放下，溫柔地引導心回到呼吸。不要注意呼吸的冷熱，也就是火界的特相，這樣是四界分別觀，而不是入出息念。只要自然呼吸，身心不要緊張。持久專注於呼吸才能得定，放下一切期望。期望是一種對法的微細貪愛，會令心緊繃。就讓心在呼吸中安住。如果一開始因為掉舉，心很難專注於呼吸，別氣餒，心東跑西跑，再自然不過了。佛陀說過：「心隨意散亂。」如果心自然就能靜定，那我們就不必禪修來使心靜定了。

為了克服妄念，《清淨道論》中鼓勵禪修者使用數息法來幫助攝心。禪修者在每次吸和呼的週期結束時，徐徐默數：「吸！呼！1。吸！呼！2。吸！呼！3……吸！呼！8。」數息的數目不超過八最爲理想，無論如何，最好不要少於五或超過十。如果少於五，會很單調，促使妄念生起，若多於十，心又會把注意力轉移到數目上，而不是預定的目標，即呼吸本身。禪修者應繼續數息，等心安頓在呼吸上，就應該停止數息，因爲數息只是助力，幫助我們與呼吸同在。還有，如果發現數息令我們離開目標，也不應再數下去。

2. 令正念持續

經過三十分鐘或一個小時後，心已平靜穩定時，就應該停止數習，進入第一階段。入息長者，知：「我入息長」，又出息長者，知：「我出息長」，又入息短者，知：「我入息短」，又出息短者，知：「我出息短」。這裡所謂的長短，是指時間的持續長度，而且是相對的，由禪修者自行決定。如果呼吸需要長一點時間，那就是長息；如果呼吸較短，那就是短息。千萬不要花工夫刻意控制呼吸的長短，那樣會很疲累，就讓呼吸自然。心態就有如人閒坐河岸，觀察水流，河水是快是慢，都不關他的事。唯一關切的，就是覺知，目標呈現時，不努力改變或控制自然的節奏。我們觀察，卻不去控制。這個練習是持續知道呼吸是長還是短。

專注於呼吸時，禪修者會感受到雙腿發麻或其他的感覺，有時候比呼吸還明顯。如果修純定，就不要轉移注意力，否則，專注於呼吸的定力就斷斷續續了。修行入出息念之際，行、住、坐、臥間，呼吸是唯一的目標。除了呼吸，不應專注其他任何目標。如果專注持續，定力很快會生起，一旦中斷，定力便冷卻下來了。我們若想用兩根木頭鑽木取火，必須持續摩擦，如果經常停下來，木頭就涼了，達不到目的。

3. 從疼痛中學習

不常靜坐的人，很快就會痛起來。當心開始安頓在呼吸上，膝、背、腳或肩就會痛。心的一般反應是不喜歡疼痛，於是我們會動一下來讓自己不疼。我們非把痛除去，才會比較舒服，但疼痛往往又出現了，於是我們開始掉舉不安。想去掉疼痛，這是瞋心的示現。疼痛是我們偉大的老師，提供重要的教訓，如果方法善巧，我們可以學到下列的事而得益：

首先，沒人喜歡疼痛，因爲很痛。如果我們自己不喜歡疼痛，就應該想到他人也是如此。因此，疼痛提醒我們練習自我節制，不要在意行、語行或身行上把疼痛加諸他人。

其次，如果你問其他禪修者，很快會發現大家都有同樣的疼痛經驗，久坐之後，每一個人都自然會痛，那麼爲什麼還要感覺不好或自責呢？相反地，我們可以打開心門——基於這共同的理解，對自己和他人表現出愛和慈悲。

第三，我們學到，自己的身體是苦的，沒有疼痛的時候，我們顛倒錯認自己珍愛的身體可提供快樂，但現在疼痛好像停不了，一種痛接著另一種痛。在日常生活中，我們不會認識到這一點，因爲經常變換姿勢，遮蔽了身體的疼痛。定力增進之後，疼痛就現出來了。想讓疼痛減輕或遮掉疼痛，我們就換姿勢，但很快地，另一種痛又生起，好像沒完沒了！心變得很不安，很想把疼痛盡快除去，這種反應令身心更加熱惱、疼痛更加難以忍受。

我們從第三章中知道，每一心所都產生心生色，一念瞋心產生許多心生色，以火界爲主要成分，眞的可以燃燒身體。因此，如果疼痛起來，我們去認識它並以平等心接受。若沒有瞋心，痛是可以忍受的，我們可以溫柔地引導心回到呼吸。如果我們是敏銳的觀察者，便會認識到那是心知道疼痛，若沒有心，身體的痛是無法認識到的。有心，就等同苦（dukkha）和不圓滿。結果我們發現，身和心並非我們的皈依處、保護者，並不能提供快樂滿足。這一堂疼痛課，與眞理一致，這種理解讓我們放下對身心強烈的執著，於是，我們會發現心很容易安頓在呼吸上。

第四，我們也從疼痛學到我們身體無我的本質，身體並不順從我們的意願，開始了解佛陀爲什麼指出：

> 色無我，比丘們！因爲如果色有我，色不應導致病苦……但因爲色無我，因此，色導致病苦。
>
> ——《無我相經》（相應部22：59(7)）

了解身體無我的特質，我們應該對疼痛培育平等心。如果我們可以思惟疼痛不是我所有的，不是我，只是因果，那麼能觀的心就會出離、不執著，看著它就彷彿在看另一個人的疼痛，會做到身雖痛，心卻輕鬆自在。生起疼痛是因爲四大不平衡，多半因爲過多地界的堅硬、火界的熱暖和風界的振動。這只是色蘊，而我們卻認同並執取這是「**我的**疼痛」才讓人難以忍受。如果常常做這種修行，在生病時和臨終時非常有用，我們能以勇氣和捨心來面對病與死。

不過，若在禪修中，我們的不舒適變成灰心、懷疑、失望的因緣，而非起觀的因緣，那就最好秉持正念來改變姿勢，移動時同時要注意呼吸。

當我們克服了疼痛，還是得面對其他牽制進步的障礙，這些障礙使我們的心變得陰暗、不適業、難以駕馭，完全不可能得到禪定。這些障礙是些什麼呢？它們稱爲五蓋（nāvarana）：

(1)貪欲蓋，(2)瞋恚蓋，(3)睡眠昏沉蓋，(4)掉舉惡作蓋，(5)疑蓋。

四、五蓋

1. 貪欲蓋（kāmachanda）

所謂貪欲就是欲求六欲之樂，如：美妙的色、聲、香、味、觸、法。沒有培育入出息念的人，這六塵撞擊時會束縛我們，眼經常被美妙的色塵吸引，耳經常被美妙的音聲吸引，鼻經常被美妙的香氣吸引，舌經常被美妙的味道吸引，身經常被美妙的有形之物吸引，心經常被美妙的法塵吸引。這好像六種眾生：毒蛇、鱷魚（失收摩羅）、鳥、狗、狐狼、獼猴，以結實的繩子繫縛於結實的柱子上，悉縛一處，所樂不同，各各嗜欲到所安處，各各不相樂於他處而繫縛故，各用其力，向所樂方而不能脫：其蛇者常欲入穴，其失收摩羅常欲入海，其鳥者常欲飛空，其狗者樂欲入村，其狐狼者樂向塚間，其獼猴者欲入山林。見《像六種生物那樣經》（相應部35：247經）。但在禪修營中，五根門是一直關閉的，只有意門被導向禪修目標。

熱情的人，意門很快就對專注於單一目標失卻興趣，由於一開始就沒有樂，意門徘徊在以前喜歡的欲樂上，例如性、毒品和搖滾。對孩子和配偶強烈的執著也是修行進步的障礙，我們的內心常與他們交談，或擔心他們，而不能平靜安頓在呼吸上面。愛好寵物的人想著寵物，彷彿是慈悲的念頭，但孩子和寵物都沒能受到好處。禪修者自己的利益就這樣被渙散、擔心和憂慮破壞了，要提防這個現象，應事先把摯愛的人安排好，才會安心。渴望舒適的床和可口的食物也會干擾。我們在密集禪修中，應該培育知足的心。

欲樂其實是因為對六根感到美妙的目標提供長久的快樂。六塵，或是欲貪本身，或是能產生欲貪的一切，對治方法就是思惟它的過患。佛陀將五欲比喻為水被各種顏色所染，在這樣的水中，我們看不清自己的投影，因此，如果我們著迷於五欲，就看不清什麼才對自己有益，或對他人有益，或對雙方都有益。見《傷歌羅經》（增支部5：193經）。

棄捨五欲的方法②有六種：

1. 思惟具有吸引力之目標的過患，例如若是貪食，就吐出咀嚼過的食物，來思惟食物有多快就變得令人厭惡，便可消除貪食。

2. 修身不淨觀，如三十二身分。

3. 密護根門，把心安置在單一目標，在這裡指呼吸。

4. 節制食物攝取：節制很重要，因爲飽暖思淫欲。

5. 親近善友：給予並接受善友對禪修的支持是很重要的。佛陀對阿難說：

善友誼、善同伴之誼、善同志之誼，不是梵行的一半。阿難，這就是梵行的全部。

他繼續開示：

有善友、善伴侶、善同志的比丘，應該可以被預期：他必將修習八支聖道，他必將多修習八支聖道。

——《一半經》（相應部45：2經）

6. 談論適合的話題：談修行生活，談有利於不執著、出離、滅、止、證悟和涅槃的話題，也就是談少欲、知足、獨處、超越社會人群、增進精進，談戒、定、慧。

---

②見《四念處：註釋書》。

有時候，問問自己禪修或去密集禪修營的目的。生命結束時，我們必須離開一切自己所珍愛的色聲香味觸這五塵，那麼爲什麼不先學著如何不執著？另一種對治欲樂的方法是，覺知欲樂並放下我們對它的執取。

2. 瞋恚蓋（byāpāda）

所謂瞋恚就是對自己、對人、對某個目標或對特別的狀況，產生煩惱、焦慮、惱怒、憎恨、嫌惡或不滿。禪修中怎麼會對某人生氣呢？在禪堂內，心正安穩地專注於呼吸時，有些人可能大聲地走進走出，不顧他人，我們心一散亂，就開始氣那個人了。有一位禪修者曾報告：「鄰座的同修不斷按摩腿（因爲疼痛），很打擾我！」此時，一個人無法專注於呼吸，反而用按摩來疼惜自己的身體，另一個人則在觀照他人的行爲，讓自己生氣。這種時候，如果兩個人都能覺知自己的苦受——前者覺察身體不適所引起的苦受，後者覺察心理沮喪所引起的苦受——接受它們，不認同它們是「我所有的」，心就不會受瞋恚的干擾。

有時候，我們會憶起他人對不起自己的事，一想起來，心中就憤恨難平。這時可修行寬恕，放下怨恨。這也許是我們過去惡業的果報，無論如何，以捨心學著接受是上策。

還有，我們還會對自己生起氣來。由於期望和精進過度，我們越精進禪修，就越躁動不安。若達不到期望，就對自己生氣了。要對自己慈愛並且溫柔，放下期望，用捨心。成果不靠期待，而要靠正精進，即一直正念於呼吸，然後，成果自然出現。怒氣一生起，心就變得如滾水一樣熱。一顆「火燙」的心，如何能夠培育平靜心和定力呢？

還有其他方法來安撫瞋恨心：

- 思惟：我們是業的擁有者，
- 有同情我們並協助我們的善友相隨，
- 主動引發有助培育愛、平靜、耐心、快樂和安忍的談話，來取代瞋恚。

3. 昏沉睡眠蓋（thīna-middha）

昏沉與睡眠是遲鈍或消沉，即身體的疲倦（昏沉）和心理的遲緩（睡眠），兩者都缺乏熱情、興趣、驅動力。被昏沉與睡眠征服時，可想見是不會有進步的。禪修者會出現頭下垂、打盹、身體搖晃，感覺不到、也抓不到呼吸。昏沉與睡眠會生起，通常是因爲禪修者對業處缺乏興趣。因如果一個人對呼吸業處缺乏興趣，很快就被厭倦、冷漠、不經心所侵襲。爲什麼對修行缺乏興趣呢？這是因爲不明白定力的巨大利益。定是產生智慧的近因。智慧靠著深定來穿透，並徹見諸法本質。修定是非常偉大的任務，也是值得我們努力以赴的任務！要承當這一項偉大的任務，我們需要極優的精進力，只要內心記得成果是多麼值得，精進力自然不會退縮下來。面對一個需要許多精進、勤奮和堅持的工作，我們就振奮精神，挺身而出了。

如何克服昏沉與睡眠呢？我們可以思惟一些僧人或禪修者激發精進力，來克服修行困難的勵志故事。例如在佛世，有位男子在明白人生如幻後，便捨棄所有的財產出家爲僧，堅持不懈精進禪修。因爲害怕自己在禪坐時會睡著，所以在半夜時分，他不睡覺而不斷經行。由於路走得太多，腳底受傷流血，無法繼續經行，於是在地上爬行。當晚，有位獵人以爲地上有動物在爬行，舉起木樁刺傷他的背，造成他極度的痛楚。儘管如此，他也不放棄、不鬆懈地精進修行。像這樣當勇猛精進的故事，往往令我們在遇到困難時，激發出連自己都不知道自己擁有的巨大能力。故事能振奮人心，除去昏沉。這也許是越講悉達多在菩提樹下的苦行和奮鬥，就越激勵人心的原因，使聽者充滿勇士的精神，克服一切障礙。

佛陀敦促我們思惟無常的苦，來激勵修行的急迫感：

如果當比丘的心多住於慣常對無常苦想時，他對懶惰、懈怠、散漫、放逸、不勤行、不觀察成為強烈怖畏想的現前者，比丘們！猶如對著已拔劍的殺者。

——《想經》（增支部7：49經）

佛陀曾教導我們一系列的方法來克服昏沉與睡眠蓋。這個蓋障的起因是不如理作意。第一個方法是，不要注意引起昏睡的念頭。如果沒有成功，可以思惟佛法的殊勝（導向證悟和涅槃的教法），這可激勵消沉的心。如果仍然失敗，可以拉拉自己的耳朵，按摩四肢，保持正念地從座位起身，並用冷水清洗眼睛，作「光明想」可培育明亮的心。要不然可以來回經行，覺知來回，這些方法可消除昏沉與睡眠。

如果沒有一種方法有效，佛陀建議我們小睡片刻，但仍記著起身的念頭，因為有時候是由於沒有睡好而引起的身體疲憊。

過量的飲食或錯誤的飲食，也會造成昏沉睡眠。因此，尤其在禪修期間，飲食應知量，只要攝取身體維持一天精進所需要的食物，而不要吃到鬆開腰帶。

昏沉與睡眠如滿覆青苔的死水，在這樣的水中，無法看到自己的投影。同樣地，被昏沉與睡眠給朦蔽的心會失去清明，無法看清什麼才有益於自己，或有益於他人，或對雙方都有益。

4. 掉舉惡作蓋（uddhacca-kukkucca）

心計劃未來和回憶過去時，掉舉和惡作就生起了，這是渙散的心，像把石頭投入一堆灰燼而四散飛揚。這樣的心沒有力量，每要集中注意力於呼吸時，心就很快失去專注力。掉舉驅使心從一個念頭到另一個念頭，有如猴子，從一根樹枝跳到另一根樹枝，停不下來。我們的心長久耽迷於五欲樂中，缺乏訓練。所有的心一直都是散漫、掉舉，而且因爲努力尋覓永續的快樂不可得而感到沮喪。現在我們被教導要集中在單一的目標上——呼吸，在初期會發現完全沒有快樂可言，心反而喜歡到處衝撞，找尋新鮮的欲樂，因爲心一向是這樣尋找的。就像魚被撈出池塘，放在乾地上，會跳躍而且奮力掙扎，一心只想要回到水中。心也是如此！

所以我們不需要強大的精進力，而需要持久的精進力、愛的毅力以及耐心，溫柔地一再把心從外面的世界帶回馬上要成爲最大的興趣——呼吸——上。用正念之繩，將我們那一顆搖擺不安的心固定於呼吸業處上。

倘若我們仍隨心所欲，會無所成就！掉舉的心是心的無力，我們必須馴服心，讓它有力，像馴服小牛一樣。我們用繩索把小牛綁在結實的柱子上，很自然，一開始小牛會想盡辦法脫身，就是不肯乖乖就範，牠撒野，如奴隸般遵從本能，牠抗拒馴順和訓練，但是繩子牢牢地綁在柱子上，再怎麼刁蠻也有個限度。就這樣奮力掙扎一段時間之後，小牛累了，慢慢安靜下來，靜止了。現在可以訓練了，這樣會讓牠成爲可造之材，有更快樂的機會，這是牠以前衝動魯莽時所不知道的。

同理，假如我們想要馴服自己的心，就用正念之繩把心綁在呼吸之柱上。只要保持這個作法，奇蹟就會發生：心漸漸平靜而滿足，感到前所未有的安詳和寂靜。

過度的精進也會造成掉舉。若有過度的精進力或「過分專注」時，鼻子會變硬，頭部會緊繃，即使動機很好，還是請檢查心：「我是不是太興奮？我是不是把呼吸抓得太牢？我是不是叫自己灰心？我是不是期待什麼事發生？我是不是擔心呼吸不夠清楚？」期待會加強擔憂，於是導致掉舉，這都跟寧靜相反。所以，放下它們！若過度掉舉，只要以正念來覺知，千萬不要因爲挫折感和自我批評而放棄！當精進過了頭，就要培育輕安覺支、定覺支和捨覺支來平靜並安撫，就像把濕草、濕木、冷水投向營火來滅火，只要以捨心來旁觀呼吸。

追悔惡作也是阻礙止禪和觀禪進步的障礙之一。我們可能會後悔過去所造的惡行，也可能會悔恨未做應做的善行。在尚未聽聞佛法之前，我們可能都曾殺生、偷盜、邪淫傷害他人、說謊欺騙他人、服用昏迷神智之物等等，不知不覺粗心大意，或做了會後悔的事。現在知道了佛法，我們明白這些都是不善行，待時機成熟時，它們就會一一產生苦報，於是我們追悔。然而我們必須思惟，追悔或擔憂過去的惡行是否有智慧、有助益？這是幫助我們？還是障礙我們？

有時候我們也會悔恨那些應做而未做的善行，譬如說後悔沒有早一點開始修行，如今身體老化、虛弱，無法禪坐夠久而感到可喜的進步。每一個人都有不同的憾事，追悔會干擾心，克服追悔最好的辦法就是認知它是不善心，然後放下。放下是可能的，讓我們來看看鴦崛摩羅的例子，他大舉殺人，據說殺了九百九十九人，他正要殺掉母親時，佛陀救了他，以免他犯下重罪，自我毀滅。然而他不讓追悔充斥心中，他出家為比丘，嚴守戒行，直到證悟。如果有人惡行這麼重，都能放下追悔，而僅僅專注於此時此刻可以做的善行，那麼，我們是有希望的。

有時我們擔心尚未發生的事，像是家遭小偷、寵物沒有餵食、股市疲軟……預先小心是明智的，擔憂就不明智了。會發生的就會發生，不會發生的就不會發生，擔憂能改變結果嗎？我們會幻想，覺得要是不擔心，就會發生糟糕的結果，彷彿擔心能阻止壞事發生，這是認知的扭曲。我們要認識，擔憂只是消耗能量！最好還是放下。佛陀把掉舉與追悔比喻為因風吹打而波動的水，使我們無法看清自己的投影。充滿掉舉與追悔的心，無法看清什麼才是眞正有益於自己，或有益於他人，或對雙方都有益。

其他放下掉舉惡作的方法有：

- 對佛法的了解，
- 提問，
- 親近對戒定慧有體驗的長者，
- 親近有同情心的和有益的善友，
- 參與有助培育平靜和信心的啓發性談話。

5. 疑蓋（vicikicchā）

懷疑指對佛、法、聖僧不確定、不決定、缺乏信心。有疑的人，一旦受教要專注於呼吸，可能會想：「這有什麼用？只是覺知呼吸有什麼好處？只是專注呼吸，怎能獲得禪那？」

充滿懷疑的人缺乏虔誠、精進和堅持，無法全心投入禪修訓練，更別說訓練成功了。展開禪修最好的方法是對法充滿信任和信心，跟隨明師的指導。生起疑的時候，請教老師，聆聽有關的開示，與人討論，來澄清我們的疑心。佛陀以濁水來比喻懷疑，我們在濁水中無法看清自己的投影。因此，若心中充滿修行的疑惑，是無法看清什麼才是眞正有益自己或有益他人的。

佛陀說，經常思惟：這是善還是惡、會受智者責備還是不會受責、修行還是不修行、價値高還是低等等，會令未生起之疑不生起，已生之疑除斷。

禪修者應該清楚明白五蓋是五種煩惱，阻礙止禪和觀禪進步。受五蓋腐化的心不柔軟、不適業，不煥發、脆弱，而且不可能會獲得禪定。五蓋生起時，盡可能覺知並放下。如果持續生起，是有一些方法可以對治的。有時可把五蓋當做觀察目標，只要觀察它們生起，就能生起智慧，看到它們滅去。還有一個好法子是，知道它們生起的因緣，然後小心避免。對治「因」比對治「果」更有成效。心超越了五蓋之後，就可以相當專注於呼吸了。

五、近行定

當禪修者可穩定專注長息和短息之後，便可進入第三階段。禪修者是這樣練習的：「我覺知息全身（或說：息的整個範圍）而入息，我覺知息全身（或說：息的整個範圍）而出息。」這表示禪修者應持續覺知每一次呼吸從頭至尾的氣息。這並非意味著禪修者要隨著氣息進出身體。在入出息的任一部分都不讓專注流失，甚至兩息之間的間隙。如果這樣維持專注和精進，正念不會忘失呼吸，而是持續不斷地專注息的全身一至二小時，這會令另一個美心所：定心所或心一境性生起。這是心與息合而爲一。應該這樣盡可能令定力持續。

修道若要順利，禪修者必須時時注意三個覺支：定覺支、精進覺支、捨覺支。如果只專注於定力，心很可能懈怠；這時，必須以三個覺支來平衡：擇法覺支、精進覺支和喜覺支。如果只專注於精進，心很可能掉舉和過熱，這時，必須只看著呼吸，以另外三個覺支來平衡過熱的心：輕安覺支、定覺支和捨覺支。如果只專注於捨，心不會定得很穩定。但如不時注意這每一個覺支，心便會適業、可塑、清楚、靜定。猶如金匠造鍛冶爐，以鉗子夾起黃金，放進爐口，不時用力吹它，不時以水噴灑，不時細密旁觀。如果金匠持續用力吹它，黃金可能會過熱燃燒；如果持續以水噴灑，黃金可能會冷卻；如果只是旁觀，黃金完全到不了圓熟。但如金匠不時照料這三個作用，黃金就會柔軟可塑、適合作業，而且光淨，很適於鍛冶。見《塵垢洗滌者經》（增支部3：102經）。

只要有一段時間心非常定，就可進行到最後階段：「我平靜身行而入息；我平靜身行而出息。」禪修者應在內心發願：「願我粗糙的呼吸平靜下來。」將心引向於微細的呼吸，這種呼吸難以認知，需要更強力的正念，呼吸漸漸自行變得順暢、微細而且平靜。如果呼吸變得細微而且心也平靜安頓其上，大部分的禪修者由於禪定的力量，此時都感覺不到鼻子或身體的存在，這時只有呼吸和專注於呼吸的心存在。

此時沒有「我」或「他」，只有安頓於呼吸的專注心，只有名法和色法。如果心能平靜專注於微細的呼吸一小時或以上，則所有的悲傷、憂慮、不安、沮喪，以及其他不善心都會暫時地消除。這種狀況相當接近於近行定（upacāra samādhi）。然而，在深定中，只要精進稍微鬆弛，心就會懈怠。

六、禪相出現

禪相可能在這個階段出現，如果禪相出現，禪修者不應馬上轉移注意力至禪相，而應該持續地覺知鼻端的呼吸。禪相即將出現之前，許多禪修者會碰到困境。大部分人發現呼吸微細到心無法清楚覺知它。如果這種現象發生，你應該繼續保持覺知在最後注意到呼吸的地方，平靜地等待呼吸重新出現。

這時無須困惑，或者以為定力退失了。除了入出息念之外的其他禪修業處，都是越專注，業處越明顯。唯有在入出息念上保持正念，則是越專注，呼吸就越平和、越微細。因此，在這個階段，需要強力的正念、智慧、堅持和耐心。

別想使呼吸變得清楚，只要方向是正確的（變得更微細），就跟隨它。正念越強，呼吸就越不清楚。如果禪修者刻意使呼吸粗顯，就無法培育進一步的定力。只要自然覺知微細的呼吸，提高正念。即使禪修者覺得自己完全沒有呼吸，也要保持平靜和正念，當如是思惟：「我不是死人，其實仍在呼吸，只因正念不夠強，不能覺知微細的呼吸罷了。」如果禪修者正確運用正念和智慧，呼吸將再度出現。在這個階段，禪相也許會出現。

禪相一開始出現時，是灰色的，就像一陣煙，近於鼻孔處。這是「遍作相」（parikamma nimitta）。需注意，光可能會出現在身體不同的地方，但只有出現在鼻孔周圍或面前的，才是禪相。禪相首次出現時，大多數禪修者會興奮或害怕這新出現的「特殊經驗」，他們或會迷惑：「我在想像嗎？」「我瘋了嗎？為什麼不偷看一下？」這樣一分心，禪相就消失了。剛開始時禪相通常不穩定，但如禪相一出現，你就一直偷看或將覺知從呼吸轉移到禪相，禪相後來一定會消失。你應學著不要受禪相首次出現而分心。

禪相消失，是由於定力不穩定，或許是因為疑蓋、不作意、浮揚、昏沉睡眠、恐怖、過於發動活力或活力不足，見《小雜染經》（中部128經），要棄捨這一切心的小雜染。

只要持續專注呼吸，這是你到達現階段，以及你到達你想去的境地的方法。當定力加深、加強，禪相又會回來。初學者的禪相經常來來去去。許多禪修者一旦體驗過禪相，往往不自覺地發展出一種欲求，希望禪相再回來，他們懷著很大的期待去禪修，卻落個失望的結果。這是因爲觀察的心被貪欲染污了。學到教訓之後，他們會放棄期望，以捨心來禪修，結果禪相很快就回來了。這次，禪相的顏色變了，變成白色，像一團棉花，這是「取相」（uggaha nimitta），還不很光亮。

由於不同的「想」，禪相會依不同的人以不同的形態出現，這些差異並不重要。它看起來會像白線或長長的白光、花圈、張開的蜘蛛網、車輪、雲朵或白棉球，有時候會覆蓋整張臉，有時像太陽、月亮、珍珠、紅寶石，或帶點黃色。雖然此時入出息念是唯一的禪修業處，但依個人的「想」，會產生各種不同形態的禪相。

在這個階段，禪修者應該要小心地守護其禪相（nimitta），就如皇后爲了王位的繼承，要小心護衛腹中的胎兒一樣。最重要的是，不要注意它的顏色或玩弄禪相，禪修者常喜故意改變它的形狀或外觀。多好玩啊！但心不再沉入單一的呼吸業處，他們很快就會發現：定力退失了。這時觀察禪相代替了觀察呼吸，禪相出現是因爲心一境性於呼吸，如果不再定於呼吸，禪相就消失了。那麼，問題就來了：什麼時候才把專注從呼吸轉移到禪相？

當禪相已經穩定，心自然自動安置其上到半小時，那就讓心專注於禪相。有時候禪修者會覺得禪相似乎有一股吸力，將觀察的心拉入其中，這是好現象！此時只要沉入禪相。若禪相出現在面前遠處，就不要注意它，因爲它可能隨時消失。只要持續專注於呼吸，這時他會發現禪相會回來並停留在鼻端。禪相是深定的結果，不可能強迫。

有時候，禪修者會發現禪相隨著呼吸移近移遠，好似禪相即呼吸，呼吸即禪相，這太好了！別的都沒改變，只有禪相取代了原來專注的呼吸，這樣，禪修者便可只覺知禪相，不管呼吸了。唯有這樣以持續的專注力，將注意力從呼吸移至禪相，才會更進一步。

保持專注於禪相一小時或二小時之後，禪相會變得清澈、明亮及耀眼，如水晶，或如鑽石，或如晨星，耀眼到眼淚都會流下來。這就是所謂的「似相」（patibhāga nimitta）。在這個階段，令心持續專注於禪相一小時、兩小時，或三小時，便會達到近行定（upacāra samādhi）或安止定（appanā samādhi）。近行定是接近禪那或在禪那的「鄰近區域」，同時也是進入安止定之前的定。

這兩種類型的定都取似相爲目標，兩者的差異在於：近行定的諸禪支尚未培育至完全強而有力，因此，近行定生起時，心首先取似相爲所緣，然後就落入有分心，就這樣來回反覆。正如學步小兒太弱小而無法靠自己站立，會一再跌倒。同樣地，有時因爲正念不夠強，心也會落入有分心，無法覺知似相。此時禪修者心中覺得安詳平和，似乎一切都停止了，他沒有識知任何目標，甚至會產生妄念，以爲這暫時的安詳平和是涅槃。

然而，在這樣的時刻，有分心仍不斷生生滅滅，如前所述，有分心只緣取前一世臨死速行心爲目標，由於這種狀態非常微細，禪修者並沒有足夠的能力辨識這一點。

爲了避免落入有分心，以及能夠持續提升定力，禪修者需要藉助信、進、念、定、慧這五根來平衡其心，並使心專注於似相。禪修者應該對入出息念能引導他證得禪那深具信心。他應激起進根，讓心一再專注於似相。也應提起正念，讓心不忘失似相。還應將定力安置於似相，並以智慧了知似相。

七、得到禪定

只要五根得到充分的培育和平衡，定力將會超越近行定而達到禪那（jhāna）。禪那的諸禪支強而有力，所以禪那速行心流會持續很長的時間，就像一個健康的成人可以站立一整天都不會跌倒一般。

非常平靜狀態稱為「禪那」，因為緊密觀察業處。禪那一詞還有一義，就是「燒盡」與定背道而馳的障礙，即五蓋。

達到禪那時，心會持續不間斷覺知似相一小時、二小時、三小時，甚至整夜。這時，不會聽到任何聲音，也不會落入有分心。有些禪修者說，在禪定中可以聽到聲音，雖然看起來理由十足，但其實是不可能的！為什麼呢？因為禪那心路過程取似相為目標，而耳門心路過程是取聲音為目標。耳門心路過程生起時，禪那心路過程就不會生起。但有可能是禪修者曾有一瞬間滑出禪那，去認知聲音或五塵，之後又進入禪那。對初學者而言，兩者好像同時生起，禪修者在沒有察覺的狀態下，一瞬間出定，又重新入定。初學者由於無法了知禪那心路過程與耳門心路過程是輪流生起，而非同時，所以他們會宣稱在禪那中聽到聲音。

初禪的五禪支為：心專注似相時，遠離欲樂和不善心所，於是進入初禪，伴隨尋、伺，以及由遠離而生起的喜、樂。

1. 尋（vitakka）
2. 伺（vicāra）
3. 喜（pīti）
4. 樂（sukha）
5. 一境性（ekaggatā）

八、五禪支

1. 尋： 將心導向並安置於似相。

2. 伺： 維持心重複安置在似相。尋是心第一次撞擊目標，如蜜蜂俯衝投向蓮花，伺則是持續伺察目標，如蜜蜂投向蓮花之後，仍在四周飛來飛去。

3. 喜： 對似相有濃厚的興趣、喜歡、喜悅，作用是令身心清新，令其遍布激動和喜悅。

4. 樂： 體驗似相而引生的樂受。

5. 一境性： 把心牢固地專注在似相上，已充分發展的一境性，即稱為定（samādhi）。

禪修者進入初禪時，會清楚感受到以上的禪支。當這樣得到禪定，他必須辨識這種得到禪定的模式。因而一旦失去禪定時，他能再回到那模式，重入禪定。嫻熟之後，便可一再入定。

九、安止心路過程

證得初禪時，安止心路過程（vīthi）運作如下：

當似相出現於意門時，有分心波動並中斷。然後意門轉向心將心轉向似相，接著是：

- 遍作，是爲證得禪那做準備的心。
- 近行，是已接近禪那的心。
- 隨順，是協調前一個欲界心與後一個更高層次的禪那心。
- 種姓，是切斷欲界種姓，進入更高層次之色界禪那種姓的心。緊接其後，初禪的色界禪那善心只生起一次，即爲安止速行（jhāna javana），並取

圖 21：初禪心路過程──初證初禪

關鍵字：波 有分波動　斷 有分斷　意 意門轉向心
遍 遍作心　近 近行心　隨 隨順心
種 種姓心　禪 禪那　有 有分心

同樣的似相為所緣。

其間，共有三十三個心所與禪那心相應：

1. 觸：似相撞擊初禪心和相應心所。

2. 受：體驗似相的清涼愉悅。

3. 想：作個印記：「這是似相。」

4. 思：集中於似相，並累積色界善業。

5. 一境性：讓安止心與相應心所專注於似相上。

6. 名命根：維持安止心與相應心所的生命力。

7. 作意：把安止心與相應心所轉向似相。

8. 尋：把安止心與相應心所投入似相。

9. 伺：使安止心與相應心所持續注意似相。

10. 勝解：確定：「這就是似相。」

11. 精進：努力支持安止心與相應心所了知似相。

12. 喜：因似相而欣喜。

13. **欲**：想要專注於似相。
14. **信**：相信取似相爲修行目標，即可證得禪那。
15. **念**：將安止心與相應心所沉入似相中，不忘失似相。
16. **慚**：羞於造惡的善之心態。
17. **愧**：畏於造惡之恥的善之心態，在證得禪那時，心已清淨，不再有造惡的欲望。
18. **無貪**：心專注於似相時，不會執取似相爲「我所有的」。
19. **無瞋**：專注於似相時，心自然柔軟溫和。
20. **中捨性**：平衡安止心與相應心所，使它們能同時作用，防止過多或不足。
21. **心輕安**：安止心的平靜。
22. **身輕安**：緣取似相時，安止心相應心所的平靜。
23. **心輕快性**：心輕快敏捷地緣取似相的能力。
24. **身輕快性**：緣取似相時，安止心相應心所輕快敏捷地緣取似相的能力。
25. **心柔軟性**：安止心的柔順。
26. **身柔軟性**：緣取似相時，安止心相應心所的柔順。

27. 心適業性：安止心的適應力。

28. 身適業性：緣取似相時，安止心相應心所的適應力。

29. 心練達性：安止心的善巧熟練。

30. 身練達性：緣取似相時，安止心相應心所的善巧熟練。

31. 心正直性：安止心的正直不虛僞。

32. 身正直性：緣取似相時，安止心相應心所的正直不虛僞。

33. 慧根：徹見似相。

證得初禪時，會有三十三個心所及一個初禪心出現，也就是一共有三十四個名法。

初次證得初禪的第一個安止心路過程，由於不熟練，所以禪那速行心只生起一次，迅速到禪修者可能毫無感覺，第一個初禪心消失過後，就如以前那樣沉入有分心。後來再進入禪那，由於禪修者已經掌握安止定的修行技巧，所以能夠持續進入甚久。這樣，安止速行善心會不斷地生起，直到出定，之後，心再度落入有分心。

如果安止心生起一小時，其間就有數萬億善心生滅，並累積了大量的善業。

心只要受到定力的培育，就如純金一般：柔軟、可塑、適業、具有適應力，適於修行觀禪。禪修者出定後，可一一省察相應心所：「這是尋心所，這是伺心所，這是喜心所」等等，禪者認識這些心所的生起、出現、滅去。佛陀這樣描述舍利弗的修行：

凡在初禪中的法——尋、伺、喜、樂、一境性，觸、受、想、思、心，欲、勝解、精進、念、捨、作意——那些法生起時，舍利弗一法一法確定，那些法，知道生起，知道出現，知道滅沒。他這麼了知：「這些法確實是這樣，先不存在，後來出現，出現之後，便行消失。」他在那些法上，以一無限制之心，安住於不接近、不排斥、不依止、不執著、自由、離縛。

——《逐步經》（中部111經）

十、修行觀禪

《入出息念經》（中部118經）提到禪修者可正念入出息時修習觀禪：

他學習：「隨觀無常，我將吸氣。」他學習：「隨觀無常，我將呼氣。」

禪修者出定後，或心十分定的時候，可開始辨識如上所述的一個一個心所。這些心所和心都有同樣的特相，即傾向入出息：作意心所引導心向於入出息，想心所認知入出息，念心所一直憶念入出息等等。這些心所並非實體或生命個體，它們不是「我」，也沒有發揮「我」的功能，它們是識界。等到我們認識了這一點，就達到「見清淨」。接著，我們將心引導去看那些心所如何依呼吸而生起，呼吸一旦停止，這些依緣而起的狀態也會消失。只要看清楚了這一點，我們便明白名法和色法之間的因果關係，並沒有一個控制的主體在管理整個過程，無我的正見便增強了。

禪修者隨念心所的無常，繼續修行觀禪，把無常的特相觀察得非常清楚時，也能夠認識無我的特相，心便漸漸不再執取這些心所了。

禪修者也可修行五蘊觀，把一切名法和息依五蘊分組。與禪那相關的受心所屬於受蘊，與禪那相關的想心所屬於想蘊，與禪那相關的其他心所屬於行蘊。行是隨念呼吸時，建構、編造、形成、建立名法的狀態，行爲繼續造作的業鋪路。知道呼吸的禪那心是識蘊。呼吸有四大元素，以風界最爲顯著，屬色蘊。

把它們類分爲五蘊之後，我們知道它們是「見」和「愛」所執著的目標，這即是苦諦。渴愛欲樂和五蘊的「有」，是苦的來源。止息並棄捨那種渴愛，是苦滅。道是不斷隨念五蘊的無常變化、苦和無我的本性——無論它們是過去、現在、未來、內、外、勝、劣、粗、細、遠、近——以生起厭離。由厭離則離欲，由離欲則心得解脫。

然而，如果禪修者希望繼續修定，就必須在進入二禪之前練習五自在。

十一、五自在

1.轉向自在：能夠在出定之後轉向諸禪支。

2.入定自在：能夠想入定便入定。

3.住定自在：能夠依照意願決定住定多久。

4.出定自在：能夠在預定的時間出定。

5.省察自在：能夠省察剛才在定中的諸禪支。

十二、證得二禪

禪修者熟練初禪的五自在後，就應該進修二禪①。倘若尚未精通初禪，就想要進修二禪，

①此處依經說分為四禪，有別於阿毗達摩的五禪，見第一章色界心部分。

不但會失去初禪，而且達不到二禪，兩者皆失。若要達到二禪，禪修者必須先進入初禪。自初禪出定後，應該思惟初禪的過患及二禪的殊勝。

此時，禪者應該思惟初禪與五蓋很接近，而且初禪中的尋、伺二禪支很粗糙，令心不能安頓，因此比不上二禪寂靜，因爲二禪沒有尋、伺二禪支。他應該懷著意願，要移除這二禪支，只留下喜、樂及一境性，繼續專注於似相，如此就能繼續進修，達到二禪。

十三、證得三禪

接著，禪修者應該練習二禪的五自在。熟練後就應該培育三禪，他應該思惟二禪的過患及第三禪的殊勝，也就是：思惟二禪與初禪很接近，而且二禪中的喜禪支很粗糙，令心比不上更殊勝的三禪，三禪心來得細微，因爲三禪沒有喜禪支。他從二禪出定並如此思惟後，培育想要證得三禪的法欲，再次專注於似相，就能達到三禪，具有樂及一境性兩個禪支。三禪的樂，沒有五欲之樂，超越了一切世俗之樂。

十四、證得四禪

禪修者接著練習三禪的五自在，熟練之後，就可進修四禪。他應該思惟三禪的過患及四禪的殊勝，因爲三禪中的樂禪支仍是情緒性的，令三禪比不上四禪的捨禪支來得細微。他從三禪出定並如此思惟後，便可培育想要證得第四禪的法欲，再次專注於似相。如此就能達到第四禪，具有捨及一境性。然後，禪修者應該練習四禪的五自在。

這樣便完成入出息念第四步，同時也是最終的培育步驟：

我靜止息之身行而入息，

我靜止息之身行而出息。

十五、什麼是禪相

有人說，佛陀在經中並沒有提過禪相，禪相的體驗是在阿毗達摩或其註釋書中提到的。在此我想引用《小雜染經》（中部128經），佛陀向阿那律尊者（Anuruddhā）描述他如何覺知光並看見色法：

阿那律！就在我正覺前，還是未現正覺的菩薩時，我也覺知相同的光與看見色……當我有無量的定時，那時，我有無量的眼，我以無量的眼覺知無量的光與看見無量的色：整個夜裡、整個白天、整個白天與夜裡。

禪相從何而來？大部分依靠心所依處生起的心法都會產生呼吸現象，禪相來自呼吸，是深度、專注、深定的心的產品。一般凡俗的散心是不會出現禪相。

在禪修中體驗到深定的禪相、明亮的光是什麼？這並不是魔法。記得一次我在加州講到禪相，在座的美國聽眾以為我在講舞台魔術，我在第五章中提到這種光的現起，此處值得再加深一下你的記憶。

每一個依靠心所依處生起的心都會產生許多「心生色」（cittaja rūpas）或「色聚」（kalāpas）。在每一個色聚中都有八不離色（地界、水界、火界、風界、顏色、香、味及食素）。「止禪心識」（samatha-bhāvanā-citta）能轉化五欲之樂，能從體內產生許多的「心生色聚」。這些色聚的顏色非常明亮，只要止禪心識與觀禪心識（vipassanā-bhāvanā-citta）越強而有力，顏色就越明亮。因為很多心生色聚同時而且持續生起，所以一粒色聚的顏色與另一粒色聚的顏色緊密相連，就像燈泡中的電子，光就出現了。

再者，由止禪心識所產生的每一粒心生色聚中都有火界，此火界也能產生許多代的新色聚，稱爲「時節生色」（utuja kalāpa）。同樣地，這些色聚的顏色因定力而明亮。這不但在體內，也在體外，意即身體之外也會產生時節生色。因此禪修者會看見鼻下和各個方向都有明亮的光。有似相的人看一座黑暗的房間可能很明亮，然而，同樣的光可散播至十方，包括整個大千世界系統，甚至更遠，完全看止禪心識的力道，佛陀弟子阿那律尊者天眼心識可產生一千個世界系統的光。見《如手經》（增支部3：128經）。

從四禪出定之後，禪修者有意願的話，可繼續進修四無色定，無色定屬於無色界善心，這會使定力的基礎更穩固，給修觀增添更多力量。

佛陀界定「正定」爲前四禪。

11 四界分別觀

一、四界分別觀

在第三章詳述的四界分別觀，怎樣實踐？又爲什麼重要？在究竟的意義上說，身體只有四大元素，我們若不認識這個究竟眞理，便會執取身體爲我、自我或我所有的。因爲身體會改變，所以帶來痛苦。四大元素屬於色取蘊，必須完全了解，才能止息苦難和不圓滿。

修行四界分別觀有兩種方法，各有簡述和詳述。佛陀在《念住大經》教俱盧（Kuru）人第一種方法，因爲俱盧人非常聰穎，領會神速。

比丘就此如其住立、如其志向、有界之身觀察：「在這身體中有地界、水界、火界、風界。」

——《念住大經》（中部10經）

這樣簡要的敘述，不是我們大多數人能夠理解的。

佛陀又在《教誡羅侯羅大經》（中部62經）和《界分別經》（中部140經）各詳述了一次，在這兩部《中部》的經文中，佛陀善巧地運用世俗諦來讓人了解究竟諦，他的教授如下：

比丘！什麼是地界呢？地界會有自身內的，會有外部的。比丘！什麼是自身內的地界？凡自身內、各自的、粗硬的、凝固的、執取的，即：頭髮、體毛、指甲、牙齒、皮膚、肌肉、筋腱、骨骼、骨髓、腎臟、心臟、肝臟、肋膜、脾臟、肺臟、大腸、小腸、胃的內容物、糞便，或凡任何其他自身內、各自的、粗硬的、凝固的、執取的，比丘！這被稱爲自身內的地界。

比丘！什麼是自身內的水界？凡自身內、各自的、是水、與水有關的、執取的，即：膽汁、痰、膿、血、汗、脂肪、眼淚、油脂、唾液、鼻涕、關節液、尿，或凡任何其他自身內、各自的、是水、與水有關的、執取的，比丘！這被稱爲自身內的水界。

比丘！什麼是自身內的火界？凡自身內、各自的、是火、與火有關的、執取的，即：依其而被弄熱、被消化、被遍燒、依其而吃的、喝的、嚼的、嚐的走到完全消化，或凡任何其他自身內、各自的、是火、與火有關的、執取的，比丘！這被稱爲自身內的火界。

比丘！什麼是自身內的風界？凡自身內、各自的、是風、與風有關的、執取的，即：上行風、下行風、腹部中的風、腹腔中的風、隨行四肢中的風、呼吸等，或凡任何其他自身內、各自的、是風、與風有關的、執取的，比丘！這被稱爲自身內的風界。

這裡是三十二身分，用來明瞭前二界——即地界和水界——的特相。

要清楚了解這個禪修目標，很重要的是要明白四界中每一界的特相、作用、現起、近因。地界的特相是堅硬，作用是作爲（其他元素與所造色的）立足處，現起是接受。水界的特相是流動或溢出，作用是增長其他俱生色法，現起是黏著諸色。火界的特相是溫度（熱或冷，這兩者只是光譜的相對兩端），作用是使諸色成熟，現起是不斷軟化。風界的特相是支持或膨脹，作用是導致四肢的運動和移動，現起是帶動輸送。總而言之，地界是堅硬和粗糙，水界是流動和黏著，火界是熱和熱變，風界是支持和推動。

要嫻熟這個禪修方法，我們先開始分別四大元素一個一個的性質和特相，先在一處身分分別一一特相，然後在全身各身分一一分別。

二、運用三十二身分來修四界分別觀

先從地界開始。專注於頭頂，然後一路而下掃描全身，凡是感覺堅硬或粗糙的部分就是地界特相，我們在心中標記：「地界，地界。」同時一再掃描身體，若堅硬或粗糙的部分一直不清楚，我們就應先分別前二十身分：頭髮、體毛、指甲、牙齒、皮膚、肌肉、筋腱、骨骼、骨髓、腎臟、心臟、肝臟、肋膜、脾臟、肺臟、大腸、小腸、胃的內容物、糞便、腦。奉勸大家在實際修行之前，先記住這二十身分。

這二十身分以地界爲顯著特相。我們若依序一處一處分別，會感受到每一處的堅硬，然而一些部位，如骨髓、肋膜、脾臟可能不明顯，就放棄那些不清楚的部位，反而要特別注意感受明顯的部分，通常在頭髮、體毛、指甲、牙齒和骨骼，堅硬比較容易分別。從身體一處移至另一處時，堅硬和粗糙會逐漸清晰。接著，專注於這堅硬「不過是地界，僅僅是地界，不是一個人」。爲什麼要這樣隨念呢？目的在於根除任何「人」或「生命實體」存在的概念。待堅硬清晰了，就繼續進行水界，不要整天停留在地界，不然地界就太多了：身體可能會硬得像塊石頭，硬得令人不能忍受，結果使修行退步。

若要嫻熟水界，再度掃描身體，從頭頂到腳底，感受全身血液的流動或熱能量（中國人所謂氣）。認識這是：「水界，水界。」這時有可能感受到身體連結的力量，這種凝聚力是水界的另一特相。萬一凝聚力不夠清楚，那就專注皮膚、肌肉、筋腱、骨骼，看身體是怎樣被這些身分連結在一起的。認識這樣的連結力是：「水界，水界。」但如這兩個特相都不清楚，那就背誦剩下的十二身分：膽汁、痰、膿、血、汗、脂肪、眼淚、油脂、唾液、鼻涕、關節液、尿，這些身分都有流動的共同特性，這樣背誦時，全身流動的特性會清晰起來。

繼續進修火界。從熱和熟化的特相來看，火界是很明顯的。注意從頭頂到腳底的體溫，感受到一點點溫度時，內心標記：「火界，火界。」相對而言的冷，也是火界的一部分。注意胃中的消化火，想著食物如何被消化火分解。待全身的火界清晰了，便繼續進修風界。

最後是風界。我們分別空氣如何從鼻孔進出，覺知腹部推動的特相，或呼吸時的胸部擴張。內心標記：「風界，風界。」任何身體上的運動或顯示移動的現象都屬風界。分別我們直立的姿勢如何因風界的另一特相——支持——而成立。

對每一元素禪修之後，隨念它們只是元素，無論是地界、水界、火界、風界，都只是客觀的元素。不帶執著地隨念這些特相只是客觀的元素，就是「如理作意」。如實見它，只是元素，不是身體，不是某人，不是常存的自我。分別了體內的四大元素，我們將這樣的認識延伸到體外。體外的地界有兩種：一種是活的，生物；另一種是無生物，和生命沒有明顯的關連。當然，所有的外色都包括四大元素，但比較偏重有生命的人，如妻子、丈夫、兒子、女兒、仇敵等等，目的在於不再強烈執取所愛和所恨之人，我們若執著於愛恨這些人，終將帶來痛苦。這是由於我們不能清楚看見他們如實的相狀，才充滿幻想和痛苦。我們如何認識外界的四大元素？我們直觀到體內四大元素，同樣的體驗可以用來分別體外四大元素。禪修過內外四大元素之後，我們就能看出兩者都只「是元素，不是人」。

一再從頭頂到腳底掃描四大元素，它們會變得十分清晰，這樣一來，掃描身體就不必要了。只需像快照一般，把全身視爲一個整體，猶如站在山頂俯瞰一座房子，一眼就看到整幢房子。把全身看成整體，四大元素一個一個看，有時雖在看地界，也會看到水界或火界，最終，不只看一界時，所有元素會一起看到。這很好，然而還是要地界、水界、火界、風界一個一個分別出來，這樣才不會混淆。由於我們持續分別地界、水界、火界、風界，一次又一次看它們只是元素，我們漸漸失去「活著的人」的概念，心牢牢建立在元素上。猶如屠夫，只要存著牛的概念，就會看牠是隻牛，牛的概念不失，同樣地，我們也繼續把身體看成統一的整體。

但當牛被屠宰，大卸八塊，賣出去給他人，屠夫就失掉了牛的概念，他不會想：「我在賣一頭牛。」但他會想：「我在賣肉品。」同樣地，我們失卻了身體的概念，而視它爲組合物，可分爲各組成的成分。

當定慧增強，分別就會加速，而達到一種境地：身體如無數振動的微粒，不間歇地生滅生滅。全身就是一個不斷變動的形態，完全沒有一點堅實度，有些禪修者甚至覺得全身都冒著氣泡，如佛陀在《像泡沫團那樣經》（相應部22：95經）中把身體——即內色——比做泡沫團：**「它只是空無的、空虛的、無實心的。」**有些人會感受到崩解或粉碎，我們對這無法控制的現象覺得疲乏或屈辱。我們看到身體的無常、苦和無可避免的無我特相。這樣的觀即是正觀，與實相一致。

然而，對於強烈執著自我——指在世俗諦上自我的概念——的人，這樣的實相，這樣的發現，會非常令人震驚，甚至令人害怕。有一次在佛羅里達州，一位禪修者哭著來找我，她說，分別全身四大元素時，她因爲看不見「我」，感到很害怕。我很高興並讚嘆：「恭喜！妳達到了這種修行的高度！」一旦看到了身體的本性，我們便生起厭離並且離欲。因爲離欲，我們對本來無我的身體，解脫了執著，大可正確看待「我」、照顧「我」、無執取地運用「我」。執著係因扭曲的概念、誤導的假設、邪見而生起，認爲「身體是我、眞正的自我、我所有的」。一旦身體中沒有這樣的自我，我們還能執著什麼？

有時候，四大元素不平衡，會生起非常痛苦的感覺。過多的堅硬、黏著和熱，好像有人高舉寶劍要謀殺你，有些人則感覺四大元素像是毒蛇，自四面八方攻擊你。四大元素給人很大的壓力，叫人不能忍受，想乾脆丟棄不要了。這時，隨念身體的苦與逼迫性，會很有幫助。認識了身體的本性，可以繼續隨念更細微的識界。識的特相是認識和了別，或是有意識。有一個心識知道身體的無常、苦、無我，也是非常痛苦的事。相應的受，感受到同樣的苦。想，認識到同樣的苦。思，從事同樣的苦。如果沒有識界是多麼平靜，我們就不必不間歇地感受到四大元素持續的起伏，不停的生滅，以及無常相應的身苦和心苦！只因爲我們有心識，所以才會苦於身體的壓力。如果沒有心來識知身體，身體只是一具屍體。看見身心苦的本性是完全知苦。

於是我們了解：

所生起的只是苦的生起，所滅去的只是苦的滅去。

——《迦旃延氏經》（相應部12：15經）

生生滅滅的，不是一個人、生命體或自我。我們至此了悟，只有身心完全滅去，痛苦才會完全滅去。於是心向於涅槃，生起這樣的願望：「願身心止息。」

三、帕奧叢林道場所教授的四界分別觀

緬甸的帕奧禪師成功教導另一種四界分別觀的修行方法。一開始，分別四大元素的十二種特相，一個一個來：硬、粗、重、軟、滑、輕、流動、黏著、暖、冷、推動和支持。通常先教導初學者容易分別的，再教困難的。

十二特相通常以這樣的順序：

推動、硬、粗、重、支持、軟、滑、輕、熱、冷、流動、黏著。

1. 要分別**推動**，一開始，呼吸時覺知（經由觸感）頭部中央的推動。當我們能夠分別此一特相，專注它，直到心看得非常清楚。然後把專注力移至附近的身體部位，感覺那裡的推動，這樣就可能慢慢分別那些推動，先是頭，然後頸、軀幹、臂、腿和腳。必須一遍又一遍，許多次，直到我們隨便把覺知放在哪裡，都可以輕易分別推動。

如果頭中央的呼吸推動不容易分別，那就專注呼吸時的胸腔擴張或腹部起伏。如果都

不清晰，就注意心跳時的脈搏，或找身體上其他明顯的推動：只要有動作，也有推動。無論從哪裡開始，你都要慢慢持續培育智慧，以便能分別全身的推動。有些部位明顯，有些微細，但全身都有，你無論把覺知放在身體哪裡，都能輕易察覺推動。定力進步了，推動就更明顯。

2. 若結果盡如人意，便開始分別**堅硬**。從牙齒的堅硬開始，咬下去，感覺牙齒彼此相咬有多硬，放鬆，覺知牙齒的堅硬。一旦對這種堅硬性有深刻的印象，對稱地分別全身從頭到腳的堅硬，如骨骼。如同分別推動一樣，要格外小心別刻意緊繃身體。**不需要很硬，一點點硬就足夠了**。

一旦能夠分別全身的堅硬，再度找全身的推動。推動和堅硬交替，一次又一次，分別全身從頭到腳的推動，再分別全身的堅硬。把這個過程重複許多次。

3. 你會發現**粗糙**也變得清晰起來。如果不夠清晰，用舌頭揉牙齒周圍，或在手臂皮膚刷手，感覺粗糙。現在如前那樣對稱地分別全身的粗糙。一旦能夠分別全身的粗糙，繼續分別全身從頭到腳的推動、堅硬、粗糙，一個一個來，一遍又一遍。

4. 若分別這三個特相的結果盡如人意，那就感覺身體的**重**。只要把頭向前傾，最容易感覺重量，有系統地練習，直到可以分別全身的重量。然後全身一個一個分別推動、堅硬、粗糙和重這四個特相。

5. 若分別這四個特相的結果盡如人意，那就感覺全身的**支持**。一開始先放鬆背部，好讓身體向前傾，然後直起身體，讓它直立。保持身體挺直、靜止不動、直立的力量就是支持。繼續有系統地練習，直到可以分別全身從頭到腳的支持。

6. 一旦前五個特相都變得很明顯，那就分別**軟**。把舌頭壓在下唇內側，來感受軟。然後放鬆身體，有系統地練習，直到可以分別全身的軟。軟硬當然是相對的，有時是判斷力的問題，如果不是太硬，就是軟的。你並不需要練習到整個身體都變成鬆軟的棉花，感覺到一點點軟就足夠了。現在分別全身的推動、硬、粗、重、支持、軟。

7. 接下來分別**滑**，潤濕嘴唇，用舌頭揉它，如上一樣練習，直到可以察覺全身的滑，好像用油揉擦一樣。滑和粗也是相對的，如果不是太粗，就是滑的。然後一一分別全身的七種特相。

8. 下一步分別**輕**，舉起一個手指，上下動，來感受輕。這樣練習，直到可以感覺全身的輕，然後如前所述分別全身的八種特相。

9. 接著感覺全身的**熱**（溫暖），通常很容易，現在分別這九個特相。

10. 接下來感覺**冷**（涼），感覺呼吸進入鼻孔的涼，有系統地分別全身，熱和冷也是相對的。現在分別十個特相。

請注意：目前的十個特相都是直接由觸覺而認識的，最後兩個特相，流動和黏著，只能基於前十個來推斷，放在最後學習是有道理的。

11. 要分別**黏著**，注意身體怎樣被皮膚、肌肉、筋腱連成一體，血被皮膚盛著，有如水包在氣球裡。若沒有黏著，身體會土崩瓦解。地心引力讓身體固定在地球上，也是黏著。如前所述練習。

12. 要分別**流動**，先覺察唾液流過口腔、血液流過血管、空氣進出肺部、熱流過身體，如前所述練習。

如果感覺流動和黏著有困難，那麼先反覆一一分別全身的前十個特質，一旦嫻熟，黏著的特相也會明顯。如果黏著不明顯，一遍又一遍只注意推動和硬的特相，後來你會覺得全身被繩索包著，分別這就是黏著。

如果流動不明顯，那就注視冷、熱和推動的特相，你就會覺察流動的特相。

當你能清楚分別全身從頭到腳的十二個特相，仍要繼續以同樣順序分別，直到滿意。然後可以改變順序，成為硬、粗、重、軟、滑（地界）、流動、黏著（水界）、熱、冷（火界）、支持、推動（風界）。現在，以新的順序分別全身，一次一個，培育到能夠很快地分別，每分鐘至少可三次來回。

這樣修習時，有些禪修者的四大元素會不平衡，有些元素變得太盛，令人難以忍受，尤其是硬、熱、推動，可能過分強大。萬一這種情形出現，這時多注意相反的特相，繼續這樣培育定力，四大元素會重新平衡回來。因此我們首先教導十二特相。只要四大元素平衡，就容易獲得定力。

為了平衡四大元素，這裡列出相反的特相：

- 硬和軟
- 粗和滑
- 重和輕
- 流動和黏著
- 熱和冷

●支持和推動

再強調一次，如果一對中有一個過多，那就注意另一個來平衡，例如流動太盛，就轉而注意黏著；支持太盛，就轉而注意推動。

分別十二特相得到善巧之後，便在全身分別這些特相，待每一部位的這些特相都很清楚了，同時注意前六個（至少兩個）是地界，下兩個（至少一個）是水界，下兩個（至少一個）是火界，再下兩個（至少一個）是風界。

繼續分別地、水、火、風，使心平靜並得定，一再這樣分別，好幾百、好幾千，也許好幾百萬次。在這個階段，好方法是一次綜觀全身，並且繼續覺知四大元素。

為了保持心平靜專注，不要再像之前那樣把覺知從一部位移到另一部位，反而要綜觀全身，通常最好像你從肩膀往後方綜觀，或者從頭上往下俯看。

當你持續用四大元素來培育定力，開始接近近行定（upacāra samādhi）時，你會看到不同的光。

有些禪修者的光是如煙的灰。如果你繼續在灰光中分別四大元素，光會更白，如棉花，然後光亮潔白如雲，這時，你全身成了白的形狀。當你繼續在白色形狀中分別四大元素，你會變得透明，如玻璃或冰塊。

你繼續在透明的形狀中觀察四大元素，會發現它開始閃閃發光。只要你可以這樣持續專注至少半小時，根據《清淨道論》，這個境界稱為「心清淨」。

如果我們繼續在透明的形狀中禪修並觀察空界，尋找其中的空界，我們會發現透明的形狀碎裂成小粒，其實是微粒，這些微粒在身體中不斷生滅。

12 觀禪：剎那剎那之修行

大海只有一味：鹹味。而法與戒也是一樣，只有一味：解脫之味。

——《玻哈蠟大經》（增支部8：19經）

佛陀視娑婆世界如夢幻泡影，人因執著，無法解脫苦海。因此，佛陀指引出一條正道，其中包括觀照五取蘊，使我們能夠看清世間眞相。遵循正道，正見生起，即能證悟。這條正道就是觀禪。

現今觀禪有多種不同的方法，如帕奧禪師、馬哈希禪師、莫哥禪師、葛印卡老師、阿姜查及其他老師的教法。在此我想介紹一種簡易的方法，特別容易應用於日常生活。有了定力的支援，這個方法格外容易，定力使心煥發、柔軟、適業，因此，法順暢現起。一旦達到一定程度的定力之後，便可朝向觀禪前進。修習觀禪有兩個最關鍵的心所：正念與智慧。

一、正念

正念是面對面接觸並如實觀察所欲觀察的目標，並保持不忘失。正念遠離評斷、偏差、偏見或偏愛。相反地，心念保持平衡端正，僅僅如實觀察、了知、開放，並接受當下所生起的現象，不加修飾或減損。

比方說，生氣時，知道憤怒現起，只純粹去觀察、覺知它持續存在。觀察其他名法色法也是如此。純粹的了知，可善巧偵測微細的障礙，如果沒注意到這些障礙，就會阻擋修行的進展。在阿那律尊者證悟之前，告知舍利弗尊者他修行天眼的深刻經歷，他不顧一切地努力，迄未證得涅槃，卻沒有注意到他的報告中顯現自滿、掉舉和憂慮。同樣地，有些禪修者沒有認識到自己帶著執著在修行，這其實會在內心引起微細的騷動，阻礙進展。

若沒有正念，未馴服的心會對可意的對象生起渴愛，對不可意的對象生起厭惡，對中性的對象生起無明。這樣的反應會干擾身心兩者的祥和，缺乏內在的安樂。這將累積新業，給自己和他人帶來苦惱。

正念好比是車輛的煞車系統。想想看，開著一部沒有煞車器的車，終不免會發生車禍。正念能夠讓心念得到控制，免於做出習慣性的反應。

正念容許並接受當下所生起的現象，卻不做進一步反應。接受指如實接受一切，不下任何評斷，偏差的評斷會扭曲實相。比方說，要是有人覺得自己一再犯錯，令人生氣，如果在當下不曾運用正念去接受事實，反而感到懊惱，進而變成自我瞋恨，這種心理反應就會傷人了。相反地，若是冷靜接受「這僅只是一個單純的心所」的事實，而不去論斷或做出強迫性的反應，就不會有自我怨憎的苦惱。要客觀接受心中生起的任何心念，不受情緒牽扯。不能接受，是由於當下實際的情況和自己想要的結果不同，因而在心中形成衝突。因此，正念包含認知和接納兩個層面。

正念能減緩妄念的頻繁活動，使智慧得以現觀各種現象稍縱即逝的本質。如《增支部》說：

> 猶如耕種之前先鋤地，正念亦爲即將生起的智慧擔任準備的角色。

二、智慧

智慧能夠去除無明的黑暗。這種黑暗矇蔽了身心現象中無常、苦和無我三共相。在觀禪中，五取蘊是正念觀察和擇法的目標，五取蘊是色蘊（身）、受蘊、想蘊、行蘊、識蘊（心），由於身見和渴愛而有執取。

我們為什麼會執取五取蘊呢？因為我們還沒看到其背後隱藏的過患和危險。一個稚子因迷戀燦爛美麗的焰火，發展出強烈的渴愛，出於好奇而想要抓住火焰，卻灼傷了自己。於是這孩子的迷戀幻滅，從此知道焰火的危險，絕不該抓住不放，結果就遠離執取了。同樣地，只要我們還不了解執取五蘊所帶來的危害，對五蘊的認知通常都有所扭曲。誤認五蘊是永恆、可以滿足、可以掌控的，因此形成貪愛。

在觀慧生起，勘破五蘊的無常、苦和無我的本質之前，五取蘊的過患一直被遮蔽著。觀慧一旦開展，五取蘊的本質便如實顯現。我們這才去除了妄想，對五取蘊的眞相產生厭離。只有透過直接經驗到並看到執取五蘊所帶來的過患，我們才衷心願意捨離痛苦的根源：貪愛。

當六塵撞擊六根時，正是修學觀禪的開始。撞擊時會引發各種心行，因此，在根塵相觸的那一剎那，觀察審視心念的反應很重要，畢竟心為前導，身業和語業都聽從心的指揮。這時內心若生起負面的情緒感受，痛苦即生。若不想因認為「心即是我」而產生痛苦，請看好心念！

放下身的執取，相對來說，比放下心的執取來得容易。成長、衰老，或出生、死亡，諸如此類的事情很容易在我們的色身上顯現。但心呢？大部分眾生都無法厭棄心的遷流變化，因而難以產生厭離。為何如此？因為長久以來，心總是被錯認為我所有的、我和自我。也正是基於這個原因，我們必須反覆觀察心的緣生緣滅本質。我們可能會好奇：「誰在觀察心？」答案是：根本沒有人。在心識相續的過程中，每個後起的心識都能察覺前面一個心識的生起和滅去。心並非是固定而實在的實體，而是包含許多不斷變化的因素的組合體。

以下介紹每一剎那的修行中的幾個法要，為了助記，我們用RADICL這個英文縮寫字來代表。

R 認識它（Recognize it）

心中生起各種現象時（如憤怒、喜悅、貪婪、熱惱、迷惘、緊張、害怕、昏沉、痛苦、快樂、憂慮、僵固、追悔……），如實了知心中各種的現象，任它本來如是，僅是種種無我的名法和色法而已。

A 接受它（Accept it）

如實接受！抗拒不愉悅的事物，會激起潛藏的憤怒，所以不要抗拒。執取愉悅的事物，會引發潛藏的貪婪，所以不要執取。若對當下加油添醋，會激發潛藏的迷惑和不安，所以不要自欺，幻想它不是現在這個狀態。應以捨心接納其如實的相狀，想想，現象根本不需要變成另外一種樣子，就能得到解脫，眞讓人鬆一口氣啊！

D 不視為「我」（Depersonalize it）

衆生由於我見仍然頑強，污染著心識之流，我見是一種對身心現象的慣性反應。如果愚癡使我們不自覺地執取情緒和身體的痛苦感受爲「我所有的」或「我」，那麼對治方法就是：不認同、不與它相應，或視它與我無關。執取和錯認只會引起更多的痛苦。打個比方，如果我們悲傷時，認定悲傷是我或我所擁有的，怎麼能夠從悲傷解脫？事實上，由於執取悲傷爲我，因緣和合的悲傷反而加劇。要是說悲傷等於我，這也站不住腳，因爲悲傷很快會消失無蹤。果眞如此，「悲傷消散，我也不復存在。」

一切情緒皆是無常，若誤認情緒爲永恆，就是認知錯誤，會招致更多痛苦。當我們認爲情緒是我，其實是「凍結」或「暫停」情緒，情緒生滅遷流的本質會受到干擾或中斷。因此，由於執取和認同，情緒似乎更加持久、更加「眞實」。只要智慧顯現，便會了解情緒是「不眞實的」。它生起的那一瞬間的確眞實，但旋即消失，心中不留任何痕跡。要去除我見，便得在心中一再重複標記情緒「不是我」、「不是我所有的」、「不屬於自我」，只是「單純的感受」而已。不執著地看待那些心理狀態。視心中生起的現象是外客，是第三者，是空幻，其中沒有我。如此，我們才可以不受情緒的糾纏。以心理學的角度來看，這樣觀察，可以使我們退一步騰出轉圜的空間，跟情緒分開，從本來就不屬於我們的憂悲恐懼中解脫出來。其實，任何身心的現象都是剎那生起，產生作用，然後自然消逝。

探討抉擇它（Investigate it）

擇法是慧心所，雖說它是七覺支之一，但在觀禪的修學中卻經常受到忽略。為了對治這個問題，有時候不妨問問自己：「如果當下的現象既不屬於我，也不是我所有的，那它究竟是什麼，又從何而來？」我們應該不時探討、抉擇現象的近因和根源。例如，當耳根接觸辱罵的言語時，不愉快的感受應時而生。認識並接受這種不愉快的感受之後，要避免自動掉入我見的陷阱中。只要探討抉擇它源自何方，就可看出其中並沒有一個「我」：這種不愉快感受的產生，是因為耳根接觸了粗言惡語，耳根接觸是近因，不愉快之感受是果，僅僅是單純的因果關係，因緣和合。一旦粗暴言語不再撞擊，接觸停止，相關的感受也停止了。然而，絕大多數人即使耳根不再接觸刺耳的粗言，仍然陷溺於不愉快的感受之中。這種持續的痛苦根本原因何在？那是因爲誤認並執著感受是我所有的或自我。也因爲如此，記憶反覆撞擊意處（而非耳處），痛苦持續更久。唯有追溯痛苦的因緣，才能連根拔除，解除痛苦。因、緣、果當中都沒有我。若不觀察「因果」，我們就會產生靜態、不變自我的妄見，如發生在闡陀（Channa）尊者身上的現象一樣。

闡陀尊者聽完上座比丘有關五取蘊的無常、無我本質的開示，暗暗思忖：「**我也這麼想：五蘊無常、無我，然而我的心不躍入一切行的止，一切依著的斷念，渴愛的滅盡、離貪、滅、涅槃，相反地，我不明淨、不住立、不勝解而生起戰慄與執取，心退轉而想：那樣的話，誰是我的眞我？**」見《闡陀經》（相應部22：90經）。闡陀尊者充滿了疑惑①，後來在阿難尊者的幫助下，才在法上取得突破。

C 思惟無常（Contemplate impermanence）

思惟六根接觸六塵所生起的現象是爲無常，一遍又一遍地去觀照那不停的變化、遷流變動和消逝。佛陀在《念住大經》（中部10經）中反覆開示修禪者要思惟身、受、心、法中生滅的本質，別觀或總觀，應該經常不間斷地思惟無常。爲何如此？原因有五：

1. 爲了放下內心根深蒂固對事物恆久不變的謬見，因爲這阻礙我們如實看見法爾如是的眞相。雖然在每日的戲劇人生中，我們的感受和情緒都不斷變動，無常的認知仍沒能深印心上。我們在當下感受到變化時，並不能思惟或觀察「無常」。

2. 爲了調和心識認知和實際現象的差距。佛陀一再指出：

世間諸行無常，如是生滅。

若沒有留心觀照不斷生滅的現象，無常的特相並不容易顯現。雖然無常是千眞萬確的實相，但唯有如實觀察無常，心才可能與實相調和，眞理方能清晰顯現。

3. 爲了避免執著和渴愛的生起。渴愛都來自於把所看見、聽聞、嗅到、品嚐、觸摸、感覺、理解、思考和加工編造的現象，視之爲愉悅、合意和恆常。緣於愛而取生起，緣於取而有生起；緣於有而生、老、病、死、愁、悲、苦、憂、惱生起，純大苦聚，發

---

①據註釋書說，闡陀尊者沒有觀察因緣，就開始修觀。微弱的觀力無法除去「我」的執取，因此當他見行如空幻，心中生起不安，還有一切虛無的見解：「我成了虛無，我會被毀滅了！」他見自己墮入地獄（abyss）。

動起十二緣起的流轉。若要截斷緣起流轉的鎖鏈，必須有次第地觀照六塵、六根、六識、六觸，以及經由六觸而產生的六種感受中的無常和過患。一旦樂受消逝，渴愛則止。如此修行，心識無時無刻不是棄捨渴愛的②。

4. 爲了訓練心識放下對流逝事物的執著。「無常」這個字能夠教導潛意識放下執著，這是因爲心識並不擅於抓取剎那生起又旋即離散的事物。

5. 爲了培養對五蘊和六觸的厭離心。正如佛陀所說：

> 隨觀者若能在六觸處上住於無常，便確立對淨相的厭逆性，這是它的結果。
>
> ——《那提迦經》（增支部5：30經）

對五蘊或六觸處的厭離，是重要的觀智，令心轉向，棄捨執取。以渴愛和身見來執著五蘊，這個業行會產生未來的五蘊。

若是不斷觀照無常，終將看到一切現象都迅速生滅。不斷生滅的逼迫性，尤其是不斷生的現象讓人感到恐怖、壓迫、害怕和不安穩。另一方面，諸行的滅反而平靜而安穩。一旦認識到諸行生滅的過程並非個人所能控制，才能體會佛陀所說：

所生起的只是苦的生起，所滅去的只是苦的滅去。

——《迦旃延氏經》（相應部12：15經）

如此，只有苦，沒有受苦的人。因此，一旦見到世間諸行皆是過患和壓迫，沒有樂，也沒有永存的我，就會對諸行產生厭離，不再產生喜悅，心反而傾向安住於無生無滅的狀態。無生被視為祥和、喜悅、解脫、安穩——即涅槃。

認識無常是覺醒的門徑，佛陀說：

當無常想已修習、已多修習時，有大果、大效益、不死的堅固立足處、不死的終結。

——《想經》（增支部7：49經）

除非諸行無常的本質能夠如實展現出來，要不然我們就會被「相續密集」之流所矇蔽，而認為相續的過程是穩定、持久、滿意，並且有一個「我」。可是，當相續密集之流被打斷時，

②佛說：「比丘們！猶如緣於是油，與緣於燈芯，油燈才能燃燒，在那裡，男子能經常灌注油，調整燈芯。比丘們！這樣，有那食物、那燃料，那油燈就能長久地燃燒。同樣地，比丘們！當在會被結縛的法上住於隨觀樂味時，則渴愛增長……這樣是整個苦蘊的集。」見《結經》（相應部12：53經）。

心立刻清楚覺受到一切現象都是處在連續不斷的生滅當中。不斷即生即滅的體會讓人感到被逼迫的痛苦，現象本質的不圓滿也就愈加明顯。不斷被生滅壓迫的狀態，正是痛苦的一大特徵。這些無常和痛苦的行法中都找不到一個永恆的我，因為我們完全無法掌控操縱任何現象的變化，也因此我們能進一步體會到無我。

L 放下吧！（Let it go）

在內心標記：「放下，放下。」並試著不執著任何事物，無論是愉悅或不愉悅的。容許一切現象如實出現，接受其自然如實狀態，也任其自然消失。愉悅或不愉悅都是避免不了的，若與實相對抗，則生起痛苦。只要不執取，便不會生起未來的五蘊。放下生起的現象，放下變化的現象，放下滅去的現象。放下一切現象，視它們不過是空中飄逝的雲，河中翻騰的水，只觀察而不執取，不要讓心安住在任何來來去去的現象。抓取世間現象只會滋長心識。心識滋長，便形成五蘊。五蘊持續形成，苦痛便緊緊相隨。

我們一旦熟練了剎那剎那如實觀照的過程，正念很快可偵測到表面現象，智慧立刻可以看出六觸處生起的心念、情緒、愉悅或不愉悅的感受，迅速消逝，如同雨水滴在斜面的蓮葉，很快便滾落，了無痕跡。以正念覺察心所，無論有多麼緩慢，只要一隨念無常，它們當下便消逝無蹤。當我們反覆隨念五蘊的無常、苦、無我，如果觀智敏銳，便只看見諸行的壞滅。

最終我們由不同的觀點來觀照五蘊，而達到解脫智的成熟：五蘊是無常的、會敗壞的、會崩解的、逼迫的、痛苦的、如病、如癰、如箭、如殺手高舉利刃、惱苦的、破滅的、另一邊的、空幻的、虛幻的、無我的，如舍利弗（Sāriputta）所說。見《持戒者經》（相應部22：122經）。正觀五蘊為無常、會敗壞、會崩解，我們便去除了常想；正觀五蘊為逼迫、痛苦、如病、如癰、如箭、如殺手高舉利刃、惱苦，我們便去除了樂想；正觀五蘊為另一邊、空幻、虛幻、無我，我們便去除了我想。同時，視這解脫智也是無常、苦、空、無我，才能臻於圓滿的離執。

這樣觀照無常、苦、無我，即是正見，接著可以導出正思惟、正精進、正念、正定。再加上清淨的正業、正語和正命，我們就培育了八支聖道。如實體認無常（五蘊）確是無常、苦確是苦、因緣確是因緣、無我確是無我。我們便不會糾纏、執取或堅信任何五蘊為我。一旦不再把世間的任何人與事物認定為「我」或「我所有的」，對於世間諸行，就都能保持捨心。只要堅持這樣修學，終會達到觀智完全成熟的時刻。那時，我們證悟涅槃，解脫執取，從此內心祥和，生活安樂。

【附錄一】

十二不善心（akusalacittani）

1. 八貪根心（lobhamulacittani）

1. 悅俱邪見相應無行一心
2. 悅俱邪見相應有行一心
3. 悅俱邪見不相應無行一心
4. 悅俱邪見不相應有行一心
5. 捨俱邪見相應無行一心
6. 捨俱邪見相應有行一心
7. 捨俱邪見不相應無行一心
8. 捨俱邪見不相應有行一心

2. 二瞋根心（dosamulacittani）

1. 憂俱瞋恚相應無行一心
2. 憂俱瞋恚相應有行一心

3. 二癡根心（mohamulacittani）

1. 捨俱疑相應一心
2. 捨俱掉舉相應一心

【附錄二】

八欲界善心（kamavacara-kusalacittani）

1. 悅俱智相應無行一心
2. 悅俱智相應有行一心
3. 悅俱智不相應無行一心
4. 悅俱智不相應有行一心
5. 捨俱智相應無行一心
6. 捨俱智相應有行一心
7. 捨俱智不相應無行一心
8. 捨俱智不相應有行一心

【附錄三】

二十三欲界果報心

1. 八有因欲界果報心（kamavacara-vipākacittani）

1. 悅俱智相應無行一心
2. 悅俱智相應有行一心
3. 悅俱智不相應無行一心
4. 悅俱智不相應有行一心
5. 捨俱智相應無行一心
6. 捨俱智相應有行一心
7. 捨俱智不相應無行一心
8. 捨俱智不相應有行一心

2. 七無因不善果報心（akusalavipākacittani）

1. 捨俱眼識
2. 捨俱耳識
3. 捨俱鼻識
4. 捨俱舌識
5. 苦俱身識
6. 捨俱領受心
7. 捨俱推度心

3. 八無因善果報心

1. 捨俱眼識
2. 捨俱耳識
3. 捨俱鼻識

4. 捨俱舌識

5. 樂俱身識

6. 捨俱領受心

7. 悅俱推度心

8. 捨俱推度心

【附錄四】

十一欲界唯作心（kamavacara-kiriyacittani）

1. 悅俱智相應無行一心
2. 悅俱智相應有行一心
3. 悅俱智不相應無行一心
4. 悅俱智不相應有行一心
5. 捨俱智相應無行一心
6. 捨俱智相應有行一心
7. 捨俱智不相應無行一心
8. 捨俱智不相應有行一心
9. 捨俱五門轉向心

10. 捨俱意門轉向心

11. 悅俱生笑心

【附錄五】

五色界果報心

1. 尋、伺、喜、樂、一境性俱初禪果報心
2. 伺、喜、樂、一境性俱第二禪果報心
3. 喜、樂、一境性俱第三禪果報心
4. 樂、一境性俱第四禪果報心
5. 捨、一境性俱第五禪果報心

【附錄六】

五色界唯作心

1. 尋、伺、喜、樂、一境性俱初禪唯作心
2. 伺、喜、樂、一境性俱第二禪唯作心
3. 喜、樂、一境性俱第三禪唯作心
4. 樂、一境性俱第四禪唯作心
5. 捨、一境性俱第五禪唯作心

【附錄七】

四無色界果報心

1. 空無邊處果報心（ākāsānañcāyatana-vipākacitta）
2. 識無邊處果報心（viññāṇañcāyatana-vipākacitta）
3. 無所有處果報心（ākiñcaññāyatana-vipākacitta）
4. 非想非非想處果報心（n'evasaññān'āsaññāyatana-vipākacitta）

【附錄八】

四無色界唯作心

1. 空無邊處唯作心（ākāsānañcāyatana-kriyācitta）

2. 識無邊處唯作心（viññāṇañcāyatana-kriyācitta）

3. 無所有處唯作心（ākiñcaññāyatana-kriyācitta）

4. 非想非非想處唯作心（n'evasaññān'āsaññāyatana-kriyācitta）

橡樹林文化 ❖❖ 善知識系列 ❖❖ 書目

JB0001	狂喜之後	傑克・康菲爾德◎著	380 元
JB0002	抉擇未來	達賴喇嘛◎著	250 元
JB0003	佛性的遊戲	舒亞・達斯喇嘛◎著	300 元
JB0004	東方大日	邱陽・創巴仁波切◎著	300 元
JB0005	幸福的修煉	達賴喇嘛◎著	230 元
JB0006	與生命相約	一行禪師◎著	240 元
JB0007	森林中的法語	阿姜查◎著	320 元
JB0008	重讀釋迦牟尼	陳兵◎著	320 元
JB0009	你可以不生氣	一行禪師◎著	230 元
JB0010	禪修地圖	達賴喇嘛◎著	280 元
JB0011	你可以不怕死	一行禪師◎著	250 元
JB0012	平靜的第一堂課——觀呼吸	德寶法師 ◎著	260 元
JB0013X	正念的奇蹟	一行禪師◎著	220 元
JB0014X	觀照的奇蹟	一行禪師◎著	220 元
JB0015	阿姜查的禪修世界——戒	阿姜查◎著	220 元
JB0016	阿姜查的禪修世界——定	阿姜查◎著	250 元
JB0017	阿姜查的禪修世界——慧	阿姜查◎著	230 元
JB0018X	遠離四種執著	究給・企千仁波切◎著	280 元
JB0019X	禪者的初心	鈴木俊隆◎著	220 元
JB0020X	心的導引	薩姜・米龐仁波切◎著	240 元
JB0021X	佛陀的聖弟子傳 1	向智長老◎著	240 元
JB0022	佛陀的聖弟子傳 2	向智長老◎著	200 元
JB0023	佛陀的聖弟子傳 3	向智長老◎著	200 元
JB0024	佛陀的聖弟子傳 4	向智長老◎著	260 元
JB0025	正念的四個練習	喜戒禪師◎著	260 元
JB0026	遇見藥師佛	堪千創古仁波切◎著	270 元
JB0027	見佛殺佛	一行禪師◎著	220 元
JB0028	無常	阿姜查◎著	220 元
JB0029	覺悟勇士	邱陽・創巴仁波切◎著	230 元
JB0030	正念之道	向智長老◎著	280 元

JB0031	師父——與阿姜查共處的歲月	保羅・布里特◎著	260 元
JB0032	統御你的世界	薩姜・米龐仁波切◎著	240 元
JB0033	親近釋迦牟尼佛	髻智比丘◎著	430 元
JB0034	藏傳佛教的第一堂課	卡盧仁波切◎著	300 元
JB0035	拙火之樂	圖敦・耶喜喇嘛◎著	280 元
JB0036	心與科學的交會	亞瑟・札炯克◎著	330 元
JB0037	你可以，愛	一行禪師◎著	220 元
JB0038	專注力	B・艾倫・華勒士◎著	250 元
JB0039X	輪迴的故事	堪欽慈誠羅珠◎著	270 元
JB0040	成佛的藍圖	堪千創古仁波切◎著	270 元
JB0041	事情並非總是如此	鈴木俊隆禪師◎著	240 元
JB0042	祈禱的力量	一行禪師◎著	250 元
JB0043	培養慈悲心	圖丹・卻准◎著	320 元
JB0044	當光亮照破黑暗	達賴喇嘛◎著	300 元
JB0045	覺照在當下	優婆夷　紀・那那蓉◎著	300 元
JB0046	大手印暨觀音儀軌修法	卡盧仁波切◎著	340 元
JB0047X	蔣貢康楚閉關手冊	蔣貢康楚羅卓泰耶◎著	260 元
JB0048	開始學習禪修	凱薩琳・麥唐諾◎著	300 元
JB0049	我可以這樣改變人生	堪布慈囊仁波切◎著	250 元
JB0050	不生氣的生活	W. 伐札梅諦◎著	250 元
JB0051	智慧明光：《心經》	堪布慈囊仁波切◎著	250 元
JB0052	一心走路	一行禪師◎著	280 元
JB0054	觀世音菩薩妙明教示	堪布慈囊仁波切◎著	350 元
JB0055	世界心精華寶	貝瑪仁增仁波切◎著	280 元
JB0056	到達心靈的彼岸	堪千・阿貝仁波切◎著	220 元
JB0057	慈心禪	慈濟瓦法師◎著	230 元
JB0058	慈悲與智見	達賴喇嘛◎著	320 元
JB0059	親愛的喇嘛梭巴	喇嘛梭巴仁波切◎著	320 元
JB0060	轉心	蔣康祖古仁波切◎著	260 元
JB0061	遇見上師之後	詹杜固仁波切◎著	320 元
JB0062	白話《菩提道次第廣論》	宗喀巴大師◎著	500 元
JB0063	離死之心	竹慶本樂仁波切◎著	400 元
JB0064	生命真正的力量	一行禪師◎著	280 元

JB0065	夢瑜伽與自然光的修習	南開諾布仁波切◎著	280 元
JB0066	實證佛教導論	呂真觀◎著	500 元
JB0067	最勇敢的女性菩薩——綠度母	堪布慈囊仁波切◎著	350 元
JB0068	建設淨土——《阿彌陀經》禪解	一行禪師◎著	240 元
JB0069	接觸大地—與佛陀的親密對話	一行禪師◎著	220 元
JB0070	安住於清淨自性中	達賴喇嘛◎著	480 元
JB0071/72	菩薩行的祕密【上下冊】	佛子希瓦拉◎著	799 元
JB0073	穿越六道輪迴之旅	德洛達娃多瑪◎著	280 元
JB0074	突破修道上的唯物	邱陽．創巴仁波切◎著	320 元
JB0075	生死的幻覺	白瑪格桑仁波切◎著	380 元
JB0076	如何修觀音	堪布慈囊仁波切◎著	260 元
JB0077	死亡的藝術	波卡仁波切◎著	250 元
JB0078	見之道	根松仁波切◎著	330 元
JB0079	彩虹丹青	祖古．烏金仁波切◎著	340 元
JB0080	我的極樂大願	卓千拉貢仁波切◎著	260 元
JB0081	再捻佛語妙花	祖古．烏金仁波切◎著	250 元
JB0082	進入禪定的第一堂課	德寶法師◎著	300 元
JB0083	藏傳密續的真相	圖敦．耶喜喇嘛◎著	300 元
JB0084	鮮活的覺性	堪千創古仁波切◎著	350 元
JB0085	本智光照	遍智　吉美林巴◎著	380 元
JB0086	普賢王如來祈願文	竹慶本樂仁波切◎著	320 元
JB0087	禪林風雨	果煜法師◎著	360 元
JB0088	不依執修之佛果	敦珠林巴◎著	320 元
JB0089	本智光照—功德寶藏論　密宗分講記	遍智　吉美林巴◎著	340 元
JB0090	三主要道論	堪布慈囊仁波切◎講解	280 元
JB0091	千手千眼觀音齋戒—紐涅的修持法	汪遷仁波切◎著	400 元
JB0092	回到家，我看見真心	一行禪師◎著	220 元
JB0093	愛對了	一行禪師◎著	260 元
JB0094	追求幸福的開始：薩迦法王教你如何修行	尊勝的薩迦法王◎著	300 元
JB0095	次第花開	希阿榮博堪布◎著	350 元
JB0096	楞嚴貫心	果煜法師◎著	380 元
JB0097	心安了，路就開了： 讓《佛說四十二章經》成為你人生的指引	釋悟因◎著	320 元

JB0098	修行不入迷宮	札丘傑仁波切◎著	320 元
JB0099	看自己的心，比看電影精彩	圖敦．耶喜喇嘛◎著	280 元
JB0100	自性光明——法界寶庫論	大遍智　龍欽巴尊者◎著	480 元
JB0101	穿透《心經》：原來，你以為的只是假象	柳道成法師◎著	380 元
JB0102	直顯心之奧秘：大圓滿無二性的殊勝口訣	祖古貝瑪．里沙仁波切◎著	500 元
JB0103	一行禪師講《金剛經》	一行禪師◎著	320 元
JB0104	金錢與權力能帶給你甚麼？ 一行禪師談生命真正的快樂	一行禪師◎著	300 元
JB0105	一行禪師談正念工作的奇蹟	一行禪師◎著	280 元
JB0106	大圓滿如幻休息論	大遍智　龍欽巴尊者◎著	320 元
JB0107	覺悟者的臨終贈言：《定日百法》	帕當巴桑傑大師◎著 堪布慈囊仁波切◎講述	300 元
JB0108	放過自己：揭開我執的騙局，找回心的自在	圖敦．耶喜喇嘛◎著	280 元
JB0109	快樂來自心	喇嘛梭巴仁波切◎著	280 元
JB0110	正覺之道．佛子行廣釋	根讓仁波切◎著	550 元
JB0111	中觀勝義諦	果煜法師◎著	500 元
JB0112	觀修藥師佛——祈請藥師佛，能解決你的困頓不安，感受身心療癒的奇蹟	堪千創古仁波切◎著	450 元
JB0113	與阿姜查共處的歲月	保羅．布里特◎著	300 元
JB0114	正念的四個練習	喜戒禪師◎著	300 元

善知識系列　JB0115

揭開身心的奧秘：阿毗達摩怎麼說？

Unravelling the Mysteries of Mind & Body through Abhidhamma

作　　者／善戒禪師 Sayalay Susīlā
譯　　者／雷叔雲
編　　輯／應桂華
協力編輯／劉昱伶
業　　務／顏宏紋

總 編 輯／張嘉芳
出　　版／橡樹林文化
　　城邦文化事業股份有限公司
　　104 台北市民生東路二段 141 號 5 樓
　　電話：(02)2500-7696　傳真：(02)2500-1951
發　　行／英屬蓋曼群島商家庭傳媒股份有限公司城邦分公司
　　104 台北市中山區民生東路二段 141 號 5 樓
　　客服服務專線：(02)25007718；25001991
　　24 小時傳真專線：(02)25001990；25001991
　　服務時間：週一至週五上午 09:30 ～ 12:00；下午 13:30 ～ 17:00
　　劃撥帳號：19863813　戶名：書虫股份有限公司
　　讀者服務信箱：service@readingclub.com.tw
香港發行所／城邦（香港）出版集團有限公司
　　香港灣仔駱克道 193 號東超商業中心 1 樓
　　電話：(852)25086231　傳真：(852)25789337
　　Email: hkcite@biznetvigator.com
馬新發行所／城邦（馬新）出版集團【Cité (M) Sdn.Bhd. (458372 U)】
　　41, Jalan Radin Anum, Bandar Baru Sri Petaling,
　　57000 Kuala Lumpur, Malaysia.
　　電話：(603) 90563833　傳真：(603) 90576622
　　Email：services@cite.my

封面設計／兩棵酸梅
內文排版／歐陽碧智
印　　刷／韋懋實業有限公司

初版一刷／ 2017 年 5 月
初版三刷／ 2023 年 4 月
ISBN ／ 978-986-5613-46-4
定價／ 420 元
城邦讀書花園
www.cite.com.tw

國家圖書館出版品預行編目（CIP）資料

揭開身心的奧祕：阿毗達摩怎麼說？ / 善戒禪師（Sayalay Susīlā）著；雷淑雲譯 . -- 初版 . -- 臺北市：橡樹林文化，城邦文化出版：家庭傳媒城邦分公司發行 , 2017.05
面；　公分 . --（善知識系列；JB0115）
譯自：Unravelling the mysteries of mind & body through abhidhamma
ISBN 978-986-5613-46-4（平裝）

1. 佛教修持

225.7　　106006375

廣　告　回　函
北區郵政管理局登記證
北 台 字 第 10158 號

郵資已付　免貼郵票

104 台北市中山區民生東路二段 141 號 5 樓

城邦文化事業股份有限公司
橡樹林出版事業部　收

請沿虛線剪下對折裝訂寄回，謝謝！

|橡|樹|林|

書名：揭開身心的奧秘：阿毗達摩怎麼說？　書號：JB0115

橡樹林文化
讀者回函卡

感謝您對橡樹林出版社之支持，請將您的建議提供給我們參考與改進；請別忘了給我們一些鼓勵，我們會更加努力，出版好書與您結緣。

姓名：＿＿＿＿＿＿＿＿ □女 □男 生日：西元＿＿＿＿年

Email：＿＿＿＿＿＿＿＿＿＿＿＿＿＿＿＿

●您從何處知道此書？

□書店 □書訊 □書評 □報紙 □廣播 □網路 □廣告 DM □親友介紹

□橡樹林電子報 □其他＿＿＿＿＿＿

●您以何種方式購買本書？

□誠品書店 □誠品網路書店 □金石堂書店 □金石堂網路書店

□博客來網路書店 □其他＿＿＿＿＿＿

●您希望我們未來出版哪一種主題的書？（可複選）

□佛法生活應用 □教理 □實修法門介紹 □大師開示 □大師傳記

□佛教圖解百科 □其他＿＿＿＿＿＿

●您對本書的建議：

＿＿＿＿＿＿＿＿＿＿＿＿＿＿＿＿

＿＿＿＿＿＿＿＿＿＿＿＿＿＿＿＿

＿＿＿＿＿＿＿＿＿＿＿＿＿＿＿＿

＿＿＿＿＿＿＿＿＿＿＿＿＿＿＿＿

＿＿＿＿＿＿＿＿＿＿＿＿＿＿＿＿

非常感謝您提供基本資料，基於行銷及客戶管理或其他合於營業登記項目或章程所定業務需要之目的，家庭傳媒集團（即英屬蓋曼群商家庭傳媒股份有限公司城邦分公司、城邦文化事業股分有限公司、書虫股分有限公司、墨刻出版股分有限公司、城邦原創股分有限公司）於本集團之營運期間及地區內，將不定期以 MAIL 訊息發送方式，利用您的個人資料於提供讀者產品相關之消費與活動訊息，如您有依照個資法第三條或其他需服務之業務，得致電本公司客服。

我已經完全瞭解左述內容，並同意本人資料依上述範圍內使用。

＿＿＿＿＿＿＿＿＿＿（簽名）

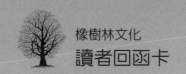

處理佛書的方式

佛書內含佛陀的法教，能令我們免於投生惡道，並且爲我們指出解脫之道。因此，我們應當對佛書恭敬，不將它放置於地上、座位或是走道上，也不應跨過。搬運佛書時，要妥善地包好、保護好。放置佛書時，應放在乾淨的高處，與其他一般的物品區分開來。

若是需要處理掉不用的佛書，就必須小心謹愼地將它們燒掉，而不是丟棄在垃圾堆當中。

這些處理方式也同樣適用於佛教藝術品，以及其他宗教教法的文字記錄與藝術品。